2003年3月,波什在大学联赛的比赛中双手扣篮。

2003年首轮第四顺位,波什被猛龙队选中。

2006年NBA全明星赛,波什上演单手劈扣。

2008年,波什入选美国男篮梦之队,并随队夺得北京奥运会金牌。

2010年7月9日,"热火三巨头"正式亮相。

2010/2011赛季NBA媒体日,波什(中)与詹姆斯、韦德拍摄宣传照。

2011/2012 赛季,波什获得生涯第一个 NBA 总冠军。

2013 年 6 月 20 日,热火队夺得两连冠,波什拍摄夺冠写真。

2019年3月26日,热火队为波什举行球衣退役仪式。

球衣退役仪式上,波什重演经典怒吼一幕。

波什入选 2021 年奈史密斯篮球名人堂。

2021/2022 赛季，热火队与湖人队赛前，波什宣传自己的新书。

LETTERS TO
A YOUNG
ATHLETE

冠军箴言

波什自传

［美］克里斯·波什 著

/

戴高乐 译

金城出版社
GOLD WALL PRESS

西苑出版社
XIYUAN PUBLISHING HOUSE

中国·北京

图书在版编目（CIP）数据

冠军箴言：波什自传 /（美）克里斯·波什著；戴高乐译. -- 北京：金城出版社有限公司，2025.3
书名原文: Letters to a Young Athlete
ISBN 978-7-5155-2560-0

Ⅰ.①冠… Ⅱ.①克… ②戴… Ⅲ.①克里斯·波什—传记 Ⅳ.①K837.125.47

中国国家版本馆CIP数据核字(2024)第013594号

Copyright ©2021 by CB1 Enterprises, Inc.
Penguin supports copyright.

冠军箴言：波什自传

作　　者	[美]克里斯·波什
译　　者	戴高乐
责任编辑	王　璐
责任校对	朱美玉
责任印制	李仕杰
文字编辑	王思硕　王振强
开　　本	710毫米×1000毫米　1/16
印　　张	13.5
字　　数	161千字
版　　次	2025年3月第1版
印　　次	2025年3月第1次印刷
印　　刷	鑫艺佳利（天津）印刷有限公司
书　　号	ISBN 978-7-5155-2560-0
定　　价	59.80元

出版发行	金城出版社有限公司　北京市朝阳区利泽东二路3号　邮编：100102
	西苑出版社有限公司
发行部	(010) 84254364
编辑部	(010) 64391966
总编室	(010) 64228516
网　　址	http://www.jccb.com.cn
电子邮箱	jinchengchuban@163.com
法律顾问	北京植德律师事务所　18911105819

我将本书献给亲爱的妻子阿德里安娜，还有五个可爱的孩子。如果没有你们，世界将毫无意义，我从心底爱你们。同时，感谢所有帮助我走到今天的人，感谢每一位教练、老师、队友、导师和支持者。

序　言

文 / 帕特·莱利

亲爱的克里斯·波什：

在你的生命中，会有一些决定性瞬间。每当这种瞬间到来，你以及身边的人都将随之改变，一切真相也将变得如水晶般清晰。这种瞬间，在你生命中任何时候都可能出现。我们因为这种瞬间，被永远联系在了一起，我们也因为这种瞬间，感受到了超乎想象的绝妙体验。

在我的NBA生涯中，我做过球员，当过教练，还在球队管理层任职，这么多年，我经历了太多或愉悦或心痛的瞬间。我的人生几乎就在与这些瞬间相伴，就算在日常生活中，也总会发生一些事情——一次会议、一个朋友的来电、一首歌，甚至墙上的一幅画。当我回忆当时的情景，往往能够看得更加清晰和透彻。

有些瞬间，时至今日还依旧震撼着我，让我不停思索："那到底是怎样发生的？"最典型的例子就是，你身为迈阿密热火队的一员，完成

冠军箴言：波什自传

了那决定性一刻。2012年，你随热火队拿到首个NBA总冠军，对手是拥有拉塞尔·威斯布鲁克、詹姆斯·哈登以及凯文·杜兰特的雷霆队。一年之后，我们在卫冕之路上，与圣安东尼奥马刺队进行了一次真正的战斗。马刺队是一支出色的球队，由可敬的格雷格·波波维奇执教，场上则由蒂姆·邓肯、托尼·帕克和马努·吉诺比利领军。前五场打完后，马刺队大比分3比2领先，他们准备在我们的主场终结系列赛，赢下总冠军。第六战，我们一度被逼到了悬崖边，比赛最后时刻，局面非常严峻。第四节还剩17秒，我们以92比95落后。我们控制球权，发起攻击。马刺队只需要完成一次防守，抢下一个篮板，就能赢得比赛。我们整个赛季的意义和目标，也将被画上句号。所以，我们需要得分，才能继续比赛，三分也好，两分也罢。埃里克·斯波尔斯特拉教练布置战术，为勒布朗·詹姆斯设计高位双掩护，创造出了不错的投篮空间，可以出手三分争取追平。比赛时间在飞速流逝，只剩10秒不到了。詹姆斯投出的球没有命中，球砸中篮筐之后，高高弹向空中。这是一个胜者为王的联盟，凡事都没有巧合。现在的情况就是，两支球队都需要这个篮板，如果马刺队抢到，我们就只能犯规。随着球在空中飞舞，球馆里那些早就站起来的球迷们，开始疯狂发出嘘声，这些嘘声是送给场边的工作人员，因为他们提前出现在场边，手里拿着黄色的绳子，为了在马刺队夺冠后封闭球场举办颁奖仪式。

  那个飞在空中的球，似乎永远不会掉下来。当时，马刺队执行了逢挡拆就换人的策略，所以与你对位的是托尼·帕克，对马刺队来说，这是个糟糕的篮板对位，因为你的身高比他高出了20多厘米。你是如此聪明且敏锐的球员，意识到了自己占据优势，你只需要确保自己不要错失机会，不要因为推挤托尼·帕克而被吹进攻犯规。最恰当的时机到来，你跳到了自己极限的高度去抢那个球，而不是等着球落到你手中。

你拥有一双出色的手，就像钳子般牢牢控制住了球。此时，计时器上的时间所剩无几，你保持镇静，落地后找到了NBA历史上最致命的三分射手——雷·阿伦，他已经在那里就位了。他预计你能抢到篮板，所以提前跑到底角。这么多年来，他已经做了太多类似的动作了，而他对于球场的感知如此精确。"球在空中，双脚也在空中。"这是我执教时经常提到的一句话，在指导球员如何传球给准备投篮的队友时，我就经常这么说，这样可以确保你在接球时保持住身体平衡。雷·阿伦在接住传球时，双脚都完美地定在三分线外。然后，他几乎就是利用自己脚趾的力量起跳，身体朝篮筐方向展开，眼睛如同激光一般聚焦在篮圈上，然后出手了。尽管有三位马刺队球员不顾一切扑向他，但他还是完成了出手。我当时就站在雷·阿伦身后，脑子里闪过各种念头——詹姆斯为我们创造了一个很好的出手机会，你则帮我们抢下了救命的篮板，然后送出了精准助攻，用完美的传球，将球舒服送到了我们最棒的关键球终结者雷·阿伦手里。在当时的情况下，你无法奢求更多了，就看这个球是命中还是投丢。所有观众都陷入一种"石化"状态，好多人闭上了眼睛，还有人张大嘴巴做出"哦，我的天哪"的口型，大家都在期待奇迹时刻的出现。计时器显示还剩5.3秒时，球落入了篮筐，比分追成了95比95。球馆陷入了疯狂，主场球迷疯狂地发出了雷鸣般的鼓噪声。我的天呀，肾上腺素飙升的感觉冲击着每个人，难以言表的气势逆转出现了。我们的球员，绝不会再让这种时刻从我们的掌控中溜走。

加时赛最后时刻，领先一分，我们需要最后一次成功的防守赢下比赛。马刺队围绕丹尼·格林打了一个战术，他就是马刺队的"雷·阿伦"。那是涉及了很多球员移动和各种掩护的战术。最终，当球传到弱侧底角的时候，格林正处在无人防守的空位，马上就要接球。不过，你在最后的防挡拆换人时意识到了这点，于是紧紧贴防了过去。当格林起

冠军箴言：波什自传

跳投篮时，你在绝佳的时机，用一个不犯规的动作封盖了他的投篮，帮我们锁定胜局。场边那些恶心的黄色绳子消失了，因为在那个晚上的迈阿密，没有圣安东尼奥人的庆祝仪式。你抢下的篮板，你给雷·阿伦的助攻，还有你对格林的封盖，展现了你的全面技术与杰出能力，同时展现了你对于细节的关注。在关键时刻，这些细节成就了比赛胜利。两天后的晚上，迈阿密热火队在主场赢下了抢七大战的胜利，庆祝到手的又一个冠军，詹姆斯则当之无愧地成为总决赛MVP。那轮系列赛中登场的球员，都有自己的闪光时刻，但对于那些明白什么才是胜利关键的人来说，你在迈阿密热火队历史上留下了自己的名字。人们会记住你，因为你堪称最杰出、为球队锁定冠军的表现。世界上没有什么是巧合，正因为如此，克里斯·波什才会被永远铭记。

痛苦

回想2011年，当你抬头看着记分牌，看着球队被打败，内心充满困惑。你深深地叹了一口气，只能看着达拉斯小牛队（2018年，达拉斯小牛队中文译名变更为达拉斯独行侠队）的球员们，欢庆拿到2011年NBA总冠军的场面。这一幕还发生在我们的主场，无疑让失利的滋味更加苦涩。你低着头，缩着肩，慢慢穿过拥挤的人群，走进球员通道，走进了美航球馆的那条"冠军大道"。我可以看出，你遭遇了极大的痛苦。我目睹着你的冠军之梦，被德克·诺维茨基柔顺的跳投，以及杰森·基德指挥若定毁掉，这恐怕是你一生中最糟糕的时刻了。你把头埋在膝盖中，不断抽泣，队友们把手放在你的背上，尽力安慰你。他们把你拉起来，然后挽着你的胳膊，一起慢慢走回更衣室。那一刻，兄弟之间可以感受到相同的痛苦。

序 言

NBA总决赛，就是典型的"赢家通吃"，而输家只能自己消化各种情绪。有些球员很坚强，有些则情绪沮丧，还有些会充满怒气。在有些人眼中，这可能和一场普通的失利没什么区别，但也有些人的眼泪肆意流淌。这种情绪的波动很难用语言表达，特别是当你面对十分在意的事情时。无论何种情况，输球总会让休赛期的夏天变得很艰难，很多球员因此跌入情绪的旋涡中，好几个周走不出来。这种失败会一直缠着你，直到秋天到来，你再次在球场上感受球的蹦跳。我在一旁目睹了这个伤心时刻，而我内心的感觉就是，自己做得还不够，没有为你们争取胜利提供足够的帮助。这真的是最糟糕的感觉，而且也持续困扰了我好长一段时间。我之前也经历过多次类似被摧垮的时刻，当时我就希望有人能把我经历的这场噩梦驱散，我内心无比渴求着。但是，温暖的被子或是热腾腾的淋浴也无法让痛苦消散，唯有时间可以做到。你要遵循曾经的既定步骤，让自己重整旗鼓，因为职业运动员就该这么做。而你，就是这样一位敬业的职业球员。

2010年7月9日，就在同一座球馆中，举办了盛大的仪式。当时，仪式的主题是介绍来到迈阿密的"三巨头"。勒布朗·詹姆斯，已经在球队中的德维恩·韦德，还有你，决定一起签约迈阿密热火队，组成了一支"超级球队"。当时在舞台上，面对数以千计的热火队球迷，面对他们的喜悦和爱意，詹姆斯充满激情地宣称，这支球队可以赢下不止一个、不止两个、不止三个、不止四个总冠军，而是可以赢下很多。在那种情况下，有些豪言壮语无可厚非，也不能责备什么，但还是有质疑的声音传来。所以一年之后，当我们在主场被小牛队羞辱时，那种疼痛感自然更加深重。詹姆斯承受了绝大多数批评，因为他没有发挥出外界预期的表现。很多人提前宣布，"三巨头"还未正式上路，就已经完全失败。

小牛队的表现太出色了，而媒体对我们的描写也都堪称"丑陋"。这其实是所有人希望看到的场面，他们都想看到"三巨头"的失败，而且是惨败，他们也得到了想要的结果。所以现在，我们应该如何应对呢？为了应对新赛季，我们要做出什么改变呢？失利带给我们的影响和后果，最终促使我们做出调整。就像我所说的那样，在体育领域中，有两种情况状态：要么是胜利，要么是苦涩，没有中间的状态。伤口会慢慢愈合，但你也要做出必要的调整。

你是个非常聪明，又十分感性和务实的人。更重要的是，你还具备一种非常难得的性格，那是一种兼具同理心和坚毅感的性格。也正是你的这种性格，帮助我们打造出一支真正、了不起的球队。

球队的打造，始于极大的个人牺牲，既有球场上的牺牲，也有场外的牺牲。在球场上，没人比你的牺牲更多，你牺牲了很多个人的出手机会、接球机会和得分机会，把这些机会给了韦德以及詹姆斯。韦德也做出了一定的牺牲，目的就是给球队中最好的球员詹姆斯提供更多的机会。詹姆斯在成为队内头牌后，也将个人能力发挥到极致。整个球队在这种新的秩序下，紧紧黏合起来，没有出现某些球队会出现的那种球星自我意识冲突的问题。

你、詹姆斯还有韦德，一方面有意识地规避某些问题，用无私的心态找到了一起赢球的态度，同时不再让人们把注意力集中在"谁是球队真正老大"这种问题上。很多杰出的球队最终土崩瓦解，都是因为队友之间在相互较劲，彼此都想压倒对方，但你们避免了这种情况的出现。

你们打造了一种全新的组队模式：你们不仅仅是超级明星，更是将目标瞄准总冠军、而非得分王的球员。这是一种运动家风范，也是我们从建队之初就具备的，我们拥有一些在运动领域里表现出色的球员，同时他们也是优秀的个人。

不过，在你的内心深处，当你结束与达拉斯小牛队的比赛，与他们握手、碰拳以及拥抱致意后，你非常清楚一点，那就是一旦离开球场，走回到更衣室里，你将在很长一段时间里，身处暗无天日、只有严厉批评的世界中。你只能等待所有人慢慢遗忘，等待媒体不再朝你的心里捅刀子。只有在这一刻到来后，你才能回到正常的生活中，接受失败的结果，然后再做出改变。

"三巨头"都心甘情愿地做出了改变，每个人都接受了自己的新角色，而我们也重回正轨。我们心里很清楚，在面前还有新的机会。只有你真的想去改变和提高，你才会做出自己过去从未做出的改变。在如此高水平的球队打球，每个人都会因此获得极大的名誉、财富以及知名度，可是，即便在如此情况下，也并不是每个人都能接受必要的牺牲。但是你效力的那支迈阿密热火队做到了这一点，曾经的那些痛苦也被化解了。在这个过程中，牺牲与信赖就是最好的解药。

第一次总决赛的失利，给我们带来了很多变化，其中最重要的一点就是明确了要如何改变詹姆斯的角色，改变韦德的角色，也要改变你的角色，并通过这样的改变来避免2011年的情况再度发生。在这个过程中，做出最大牺牲的球员就是你。在多伦多时，你曾是那支球队最有天赋的球员，那支球队历史上每一项重要数据统计的背后，都有你的名字。不过，猛龙无法达成你希望球队达到的高度，那就是总冠军。而现在，你为了球队利益，主动牺牲了自己的数据。这种牺牲，是你全面接受并且主动做出的。

在我看来，"三巨头"模式之所以能够成功运转，你是核心人物。你的激情、智慧以及全面的适应能力，让我们成了一头真正的猛兽。并没有太多超级明星会甘愿做球队的第三选择，甚至第四选择。但你接受了这一点，并帮助球队拿到了冠军。正是经过了2011年夏天的深思熟虑，以及关于角色定位的反复探讨后，再加上我们补充了阵容深度，事情才开始朝着更好的方向发展。遭遇惨痛失利的热火队，变得更加成熟，而这支崭新的热火队，被证明是一支不可阻挡的队伍。

2012年总决赛，经历了在俄克拉荷马城的首战失利后，我们连赢四场，在主场迎来了"三巨头"的首个总冠军。至此，冠军征途暂时告终，只花了五场总决赛就达成了这一成就。我们是那么急于知道一点，那就是我们到底集结了怎样的一支队伍。在做了很长一段时间挑战者之后，我们终于成了最终的胜利者。只要我们保持团结，那一定能一次又一次重回总决赛舞台。

一支如猛兽般的球队已经出笼，当我们回到更衣室的时候，不会再有代表着痛苦的眼泪，而只有狂喜的嘶吼和尖叫，以及从天而降的香槟雨，这些液体从你的头顶滑入眼睛，然后制造出最好的眼泪——欢愉之泪。一年的时间，竟创造如此大的不同。

逆境

2019年3月26日，在你35岁那年，在你自2015/2016赛季后再没有出战NBA比赛的情况下，热火队用退役球衣的方式，给了你一份荣耀。那一天，在美航球馆，在你曾为这支球队奉献了如此精彩表演的场地上，你接受了这份荣耀。

从今以后，再也不会有球员像你一样在球场上飞驰，因为你是如此独一无二的一个人和一个表演者。你就是如此特别。在2010年至2014年期间，我们打造了一支伟大的队伍，而你就是其中一员。我们连续四年打进总决赛，并且拿到了总冠军。这段历史，如今仍是俱乐部历史上最辉煌的一段征途。那是一段充满了出色的篮球表现、杰出的球队精神、

序　言

狂热球迷和媒体支持的征途，那也是一段充满了纯粹喜悦的征途，是全队的团结一致将冠军梦想最终变成了现实，是不断的胜利打造了一切。

本来，如果不是因为健康问题中断了你的职业生涯，你本可以继续从事这项运动，打满二十年都没问题。2014年夏天，我们失去了詹姆斯，他选择回到家乡克利夫兰打球。至少可以这么说，我们都因为他的决定而感受到了震惊和受伤，因为在四进总决赛、两夺总冠军后，我们都觉得"三巨头"正在开启王朝的道路上。

尽管如此，我们还是觉得哪怕詹姆斯离开了，热火队还是一支杰出的队伍，我们拥有韦德和你作为基点，而你的身上还有很多潜能，我们需要做的就是围绕你，补充多位角色和功能互补的球员，就可以再度恢复对冠军的竞争力。

于是，我们变得非常有斗志，从詹姆斯离开后的那个休赛期，直到第二年2月的交易截止日，我们一直都在积极努力升级球队。2015年2月19日，当地时间下午6点，我们从菲尼克斯太阳队得到了戈兰·德拉季奇，在此之后，我们觉得球队又重新回到冠军竞争者的行列中了。德拉季奇是一位非常强硬且全面的球员，他意志坚定、勇敢无畏，可以跟韦德一起组成球队后场。

然而，就在这笔交易完成后的十分钟，我遭遇了晴天霹雳。队医的电话打了进来，他通知我，你因为血栓问题，将无法出战赛季后面的所有比赛。我当时就愣住了，同时我也非常担心你的健康。我们由此失去了一位无可替代、天赋异禀的球员，同时，我们失去了一位杰出的领袖，这个损失无法量化。不过，这些都暂时无关紧要，我们唯一考虑的事情，就是要让你恢复健康。

不管对你还是对球队，这件事都是毁灭性打击。起初，我们觉得血栓问题可以很快解决，你在之后的赛季就能重回球队了。但在你休战之后，球队开始一蹶不振。4月初我们还在季后赛的竞争球队之列，但收官阶段的糟糕表现，让我们最终无缘季后赛，这是2008年之后的头一遭。背后最主要的原因就是我们失去了你，因此失去了太多的领导力和场上天赋。

那是我在所挚爱的NBA世界中奋斗的第35个年头，而那一刻，我真的不知道未来会带给我们什么结果，这对我来说绝对是生涯的真正低点。关于你的情况，有很多医疗方面的诊断结果，而这些结果给人带来的情绪，始终都在让人害怕与让人惊恐之间徘徊。在这项运动当中，我们都习惯了做出那些与篮球相关的决定，而这一回，篮球要排在第二位了，因为健康才是第一位。这是毫无争议的。

在之后的那几年，你一直都没有登场比赛，但你依旧在坚持不懈地跟着球队努力，希望通过某种措施或是方法重回球场，而这也在某些时段变成了很有争议的事情。我一直对你、对你的妻子阿德里安娜以及你的家人抱有遗憾。不过，因为你的健康情况，需要有人来告知你一个残酷的事实，那就是你的职业生涯已经结束了。我觉得你最终是在与家人、朋友的相处中接受了这一点，你也渐渐意识到，在生命中还有很多事情可以去做。

那年3月，当我们把你的1号球衣升到美航球馆上空后，我也和在场的所有人一起，向你和你的家人表达了爱意和尊重，而你在经历了如此重大的人生挫折后，可以在走到人生这个关键点时淡然地说一句："没什么大不了，我已经释然了。"

你的家人、你的朋友，还有你在热火队的亲人都眼含热泪，听着一个真正的男人说出那些我们真正想要倾听的话语。你告诉我们："我爱成为热火队一分子的感觉，我爱那些冲击冠军的日子，我爱你们这些球迷。"那个夜晚，你在此成为关注的焦点，对于过往的一切，你都选择欣然接受。

  在那段非常激昂演讲的最后，你的1号球衣正在球馆上空飘扬，而你从话筒架上抽出麦克风，走到场地中央，在距离球迷更近的地方，用你最大的声音开始高喊，一如当年你在球场上打出各种扭转局势的比赛后所做的那样——饱含激情，用极具穿透力的声音，配合上"绿巨人"浩克一般的动作，你朝着看台上的每个人再度喊了出来：

  "来吧，我们走！来吧，加油！来吧，一起来！"

  这就是专属于你的告别时刻，是的，克里斯，从现在直到永远，你都是热火队的一员。

爱你的，
帕特

自序　写给年轻运动员的信

文 / 克里斯·波什

你们最需要的，可能就是希望脑海中出现另一个声音。这一点我非常清楚和理解。

如今，你可以接收到很多的内容和信息。不管你是凭借出众的天赋刚刚进入联盟的职业球员，或者你只是一个参加学校联赛的普通孩子，也不管你是打篮球，还是打曲棍球、掷铅球或者打橄榄球，又或者你是在教室里努力学习，开启自己全新的生涯，你都肯定已经遇到了很多人。他们可能是教练、拥趸、队友、老师、父母、对手、观众……

当然，你可能还会遇到招募你加入某支球队的人、媒体记者、憎恶你的人等。然后，你就会发现在这些人和他们发出的声音中，最难克服和最有穿透力的，其实是从你自己脑海中发出的声音。这个声音会威慑你、误导你、羞辱你、吹嘘你，不会有任何声音能像它一样，让你误入歧途，或者让你始终沉默，仿佛在上演一出独角戏。

但不管这些声音从何处而来，都有一个共同点，那就是发出声音的每个人都觉得自己很懂，他们都希望指导你做些什么，希望把握那么几秒钟的时间，好让他们发出的声音钻进你的耳朵里。有些人的话会更刺耳，他们会说："孩子，你给我好好坐在这里，你最好听从我所说的。"

所以，现在轮到我了，又一个能够钻进你耳朵里的声音出现了。那我又有什么与众不同呢？

因为我真的了解情况。我并不是觉得自己什么都懂，而是我也曾在"那里"经历过一切。

所以，"那里"到底是哪里呢？"那里"就是如今你们所在的环境——高中、大学或者是职业生涯起步阶段。另外，"那里"也是你们梦想的地方。我曾经也是一个在马路上练习出手绝杀球的孩子，也曾经在座无虚席的球馆里投进过绝杀球，这两种场面距离现在都不太遥远。

我非常清楚热爱这项运动是什么感觉。当你在比赛中变向晃倒对手，或者在场上命中了超远三分，这时你会意识到：也许自己跟他们不一样，也许自己具备与众不同的天赋。当教练和队友们也看到你的天赋时，你能从他们的眼睛里看到不一样的神情，那时你可能意识到，篮球的未来就在你手里。

我清楚记得内心的那种渴望，我就是希望冲出家乡，去实现自己的理想。我也清楚记得，到底哪些人在干扰和阻碍我，他们现在也在阻碍你们。他们会质问你们各种问题，关于学业、关于未来计划、关于运动精神、关于成为团队领袖、关于不要与不好的朋友厮混、关于努力态度、关于穿衣风格、关于音乐品位……所有如今的年轻运动员会被念叨的问题，我都听到过。

最开始，我同时接触了棒球和篮球，因为我个子很高，从差不多四年级开始，篮球就或多或少占据了我的人生。我曾经当选得克萨斯州年度最佳高中生运动员，还进入了全美最佳阵容，所以，不止一所大学向我抛出了橄榄枝。

所以，我真的经历了很多，我觉得自己曾达到的高度，也可能是你们所梦想达到的。我的名字曾经被成千上万的人一起呼喊，我曾在异国他乡的街上被人团团围住，我曾穿过球员通道去打NBA总决赛第七战，我还曾经赢下了总决赛第七战，我见过欢庆胜利的彩带从球馆上空飘落，我也见证了自己的球衣被挂在球馆的屋顶上，并且将被永远挂在那里。

我也让自己免于经历很多运动员会陷入的麻烦与困难中，我学到了很多关于比赛以及生活的经验，我也非常清楚那些心碎的时刻以及伤痛的感觉到底是怎样的。我进入了职业体育圈，这是我一度认为自己要为之奋斗终生的事业，在这个圈子里，我爬到很高的位置，却又突然因为身体原因，失去了所有一切。2016年，那个让人吃惊的血栓的出现，意味着我永远无法再绑紧鞋带，踏上NBA赛场征战了。

我可以是博·杰克逊，他因为臀部伤势不得不告别赛场；我也可以是德胡安·瓦格纳，因肠道的克罗恩病影响只能提前退役；我还可以是杰·威廉姆斯，在新秀赛季开始前就因为摩托车车祸而遭遇了严重伤病。我可能是成千上万的你从没听过名字的运动员，因为他们在抵达巅峰之前就已经离开。很多运动员，他们没有经历香槟的洗礼，没有机会庆祝夺得最终的冠军，甚至没有在球场上流过热泪。相反，他们可能在某个午后，在医生的办公室里，为自己的职业生涯画上了句号。我的职业生涯终结时，伴随的就是一声呜咽，一堆检查报告的出炉，以及医生和律师就合同中一些条款的争论。

就在我写下这些文字的时候，我内心的某一部分，依旧希望自己还在征战，还在追逐总冠军戒指的道路上。但就像我爸爸经常告诉我的那样："当上帝关上一扇门，他也会给你开一扇窗。"对我来说，现在跟大家的这番对话，就是那一扇窗。透过这扇窗，可以从另一个角度观察和研究这项运动，也可以反过来为这项运动做点什么，这对我来说有着很大的意义。

相信我，我很明白你们现在或许不想从别人那里听到建议或意见，但如果你们可以给另一个声音一点空间，也就是我的声音，我认为自己能够帮助你们抵达想去的终点。

我这一路走来，遇到很多教练，幸运的是，他们当中的一些人是圈子里的个中翘楚，比如埃里克·斯波尔斯特拉、K教练（迈克·沙舍夫斯基）、帕特·莱利和迈克·德安东尼。这些优秀的教练，会在比赛关键时刻，或者在我人生的十字路口前，把我拉到一边，将我最需要听到的内容准确传达给我。

当然，我也遇到不少糟糕的教练，他们没有太多激励别人的技巧，能够熟练掌握的也只有"叫喊得更大声"以及"不断唱反调"这些技巧。我也被很多人指着鼻子骂过，毕竟NBA比赛平均每场的现场观众人数可以达到1.8万人，而我整个NBA职业生涯打了982场比赛，加在一起，这意味着差不多有1700万人曾当着我的面朝我大喊大叫。对了，我还没算上在电视机前做着同样行为的数以百万计的球迷。

我想说的是，我非常了解这些"噪声"的危害，所以我不会对你们说这些。

你们的人生中，有太多的关键时刻。比如，你现在就身处一个人生的岔路口前，面前有两条路，你只能选择其中一条。我想要做的就是确保你可以选择正确的那一条，选择可以让你发挥自己最大潜能的那一条，选择让你在任何你所从事的运动中可以做到最杰出的那一条。不管你选择留在体育馆里不断打磨自己的投篮技巧，还是投入全部时间准备大学课程，我都可以帮助你将这些做到最好。

当我回望过去，我发现那些真正让自己感到迷茫和困惑的时刻，都是因为我轻信了那些错误言论。那些时刻，可能出现在十五六岁甚至二十六七岁时，稍有不慎，我就可能因为走错一步而搞砸一切。如果听从了内心那个魔鬼的低语，那我的人生、我的职业生涯都可能走向了完全相反的方向。我所有的成绩——这么多年的职业球员经历、一块奥运会金牌和两枚NBA总冠军戒指——也都可能不复存在。更糟糕的一点就是，与很多天赋异禀的孩子们一样，我可能永远都不知晓自己到底错过了什么。如果那样的话，我还会生下现在的几个孩子吗？我还能拥有如今的创造力吗？我还能继续站在这片大地上吗？或者更严重点，我还会继续活着吗？

我很幸运，走上了一条正确的道路，而我希望你们也能如此幸运。

对我来说，我最幸运的时刻之一，就是进行了一段我时至今日还无法忘记的对话。那是我的高中时代，对话地点在体育馆里。说句题外话，我总是喜欢待在体育馆里，那是我最喜欢的地方。那一次，我的高中教练托马斯·希尔问了我几个问题。这些问题是绝大多数孩子们没有面对过的，但确实需要他们去思考。

当时，我正在体育馆里训练，教练走了进来。我记得自己好像在做低位技术的练习，这个练习的目的，就是学会一个篮下的脚步动作，为接下来的跳跃勾手投篮做好准备。这应该是最基础，同时也最有威力的背筐动作。人们总说，要在比赛中把训练水平发挥出来。对于这样的低位动作来说，真的需要下苦功练习，我要提前站定位置，准确完成脚步动作，将手臂完全伸展开，这样才可能获得轻松得分的机会。

就在我练习的时候，教练突然出现在我的正前方，他的目的是想给我施加一些压力。我觉得自己一定是练得不错，因为突然之间，希尔教练喊停了现场的所有人。然后他盯着我的双眼，对我说："你想利用这个做些什么，克里斯？"

我一下子愣住了，说话也变得结结巴巴，因为我一直在想，教练希望听到的答案，到底是我对于专项训练的目标，还是我在篮球运动中的方向。随后，我和他说，我可能就想拿到州冠军，或者拿到大学的奖学金。我之所以这么说，是因为我认为这些目标是每个教练希望从球员口中听到的内容。

但他的思考维度显然更高，已经超出了体育运动的范畴。"不对，"他说，"我说的要比你提到的更多。"他希望通过这样的方式，让我也站在更高的维度去思考。我希望在自己的人生里做些什么？我想成为怎样的人？篮球如何能够帮我实现目标？如果我坚实地迈出第一步，并且朝着目标使出自己的全力，我最终能抵达何处？

无论你拥有多么异乎常人的天赋，你始终需要搞清楚的问题就是：你希望利用自己的天赋做些什么？你的方向在哪里？你如何利用已经拥有的一切来抵达终点？

与希尔教练的那次对话，改变了我的人生，我如今写下本书的一个重要原因，也是我想同样把这个问题抛给你们。无论你的答案是什么，你都要诚实作答，而我则会就如何实现这个目标，尝试着给出一些真诚的建议。我不希望自己的话，变成你们耳朵中的又一段噪音。在众多对你们的人生有意义的话语里，我希望自己的话是其中之一。我曾因为那一段谈话，更好地发掘了自己的天赋，也让我可以欣然接受职业生涯戛然而止的结局。所以，我希望我对你们所说的话，也能有同样的效果。

伟大的教练约翰·伍登曾说："你是一个怎样的人，比你是怎样一个篮球运动员更为重要。"而我感觉幸运的一点就是，我身边无数的教练、导师以及队友们,他们也都同样认可这句话。

你们或许注意到了,本书的原版书名叫作Letters to a young athlete,我在写作过程中,真的就好像在给你们写信一般。这本书的模式,参考了我个人最喜爱的几本书,包括《给一个青年诗人的十封信》以及《给一位年轻爵士乐手的信》。一个篮球运动员读这些书或许有些奇怪,但我真的很喜欢,任何能够给我指导的人,我都喜欢从他们那里学习一些东西。在这个过程中,我学到了很多不会随时间褪色的人生智慧,我也希望可以传递给你们。

比如,我从诗人里尔克那里就学到了一条:成为有智慧的人,关键之一就是要学会接受一个事实,那就是你在当下无法获得所有问题的答案,这并没什么大不了。哪怕你被各种问题所困扰,这也没什么大不了。"要努力爱上问题本身,就好像这些问题是一个又一个上了锁的房间,或者一本又一本用外语写的书籍," 里尔克在《给一个青年诗人的十封信》中这样写道,"不要苛求找到答案,目前这些答案可能还不会给到你,原因就是你还无法与它们共存。所以关键点就在于,要学会与一切共存,与现在这些问题共存。也许在之后不久,或者在很远的未来,在你甚至还未察觉到的时候,答案已经出现在你的身边了。"

所以,如今的你也无须立马就搞清楚要利用自己的天赋去做些什么,也无须清楚地知道自己的终点在哪里,或者你通过何种方式才能找到一路走下去所需要的力量。你要做的就是好好生活,始终热爱这项运动,而所有问题的答案在这个过程中就会自然而然显现出来。

谁也无法给你一张通往终点的准确地图,但我觉得里尔克有一条建议非常不错,我也亲身实践过,那就是要努力感受一切。曾经身为运动员的我,这条建议具体来说就是:过程比结果更重要。诚然,你在训练中做各种练习,目的就是赢下比赛。赢下比赛的目标,则是追求那些随着胜利一起到来的美好——奖杯、荣誉、金钱等。但是，如果你在这个过程中，没有"感受一切"，你就无法享受运动过程中的欢愉。你的体验会因此变得不完整，甚至错失了最关键的部分。

　　接下来，我要和你们说很特别的一点，那就是即便无法成为职业球员，你们一样可以体验到我提及的那些时刻。很多职业运动员，他们在比赛过程中只是进行机械般的劳动，毫无乐趣可言，反倒是一些正在学习打球的孩子们，可以感受到运动的快乐。无论我们做出怎样的选择，无论我们拥有何种天赋，也无论我们最终的目标在哪里，我们有一点是相同的：每个人都有能力停下匆忙的脚步，然后，从我们正在从事的事情中感受到快乐。

　　如同你们在以下这些信件中所读到的一样，我就是因为明白了这一点，才得以扛过很多难挨的时光。所以希望，当未来你们回看一路走来的经历时，也能说出和我相同的话。

目录

第一封信：战胜疲惫 / 001

第二封信：寻找初心 / 017

第三封信：保持饥饿 / 031

第四封信：培养心智 / 041

第五封信：善于沟通 / 055

第六封信：摒弃自负 / 071

第七封信：领袖方式 / 087

第八封信：塑造身体 / 101

第九封信：应对批评 / 115

第十封信：为谁而战 / 129

第十一封信：看淡胜败 / 143

第十二封信：全力以赴 / 161

结　语 / 175

第一封信：**战胜疲惫**

你感到疲惫了，对吗？

欢迎加入我们的行列中。

有时候，我也有这样的感觉，那就是在运动生涯中，你更多的感受并非是胜利的喜悦、比赛的激情，或者是百发百中的兴奋，而是心力交瘁。就是那种纯粹的疲惫，每一根骨头都能感受到的疲惫。

你太累了，不想训练，不想比赛，也不想研究录像，不想上学或者工作。因为疲惫，你什么都不想做，你已经厌倦了。

有时候，你感觉疲惫的时间点，可能出现在比赛第二节的开始，或者只是你职业生涯和人生的前半段。不过，当疲惫感朝你袭来的时候，它才不管你走到了哪个阶段。一旦被其占据了身心，那感觉就仿佛看着橄榄球传奇人物玛肖恩·林奇穿过中锋与护锋之间的缝隙朝你扑过来。但从另一个角度看，这也意味着你还有充足的时间应对，寻找解决的方法，也能帮你积攒足够的能量，从而突破难关。

想必你也不止一次听到教练在场边或者训练房里要求你使出"110%"

的努力。其实从数学角度看，110%是不可能做到的，所以想要从内心中挖掘出额外的能量，似乎也不太现实。但可能就在教练提出这样的要求之后，你的确通过某种方式做到了这一点。

你们知道谁真的用这种方式震撼到我了吗？坎迪斯·帕克，就是曾在WNBA洛杉矶火花队拿到总冠军的大前锋。在2008年到2009年里，也是坎迪斯·帕克个人职业生涯的起步阶段，她用一系列表现让我觉得自己此前一直都在混日子。

首先，她在2008年连续第二年带领田纳西大学女篮拿到NCAA冠军，也连续第二年拿到了"表现最突出球员"奖项。在夺冠后的第二天，她就在WNBA选秀大会上，被手握状元签的火花队选中。被选中后的第二天，她就直接飞到洛杉矶出席了新闻发布会。六周之后，她正式踏上了职业比赛的赛场。

然后，在WNBA首秀后的两个月，也就是在赛季进行期间，她在休赛的空隙加入了美国女篮奥运代表队，并在北京奥运会上拿到了金牌。奥运会结束后，她回到火花队，打完了那个赛季，包揽了最佳新秀和常规赛MVP两项个人大奖。如果还嫌不够，其实在WNBA赛季结束后，她还有过前往海外联赛打球的计划，但是她没能成行，因为她结婚并生下了女儿。就是在这种情况下，她也只是错过了随后赛季的WNBA前八场比赛而已。

"我的感觉就是要不断去干下一件事，"后来，她告诉我说，"作为女篮运动员，其实没有太多时间停下来，去嗅一嗅胜利玫瑰的香气。因为我们就是一个磨炼接着一个磨炼，再接着一个磨炼，再接着下一个磨炼。"

从她的话语中，你能够感受到那种磨炼的艰辛。你甚至能够听到她因为身体疼痛而发出的声音，还有关节的异响，甚至她进入冰水进行冰浴时的颤抖声。她还必须不间断旅行，去客场比赛，前往海外打球。此外，她还要照顾孩子。这就是职业运动员注定面对的生活，任何项目都是如此。坎迪斯在如此密集的日程安排下，度过了连续七年的时光，最后，那种精神层面上的倦怠，已经成为她最大的敌人。

"你需要在精神层面调动自己，让自己为一场普通的常规赛做好准备，因为你知道，前面还有那么多的篮球比赛在等着你，这其实才是最难的部分。"她曾这样说过。

当我回想高中时光，脑海中跳出来的第一个感受就是：恐惧。我清晰记得，自己真的恐惧训练，因为训练太苦、太累了。高一那年，球队有一位名叫罗伯特·阿伦的教练，他吹哨的声音时至今日还在我的耳边回荡，还有他的话语："嘿，我们需要进行体能训练。"当听到这句话时，我觉得自己的心咯噔一下，因为我知道这意味着什么。我需要激励自己前进和加速，哪怕身体的油箱已经显示枯竭，我也必须坚持下去，我都不知道最后的那一丝能量到底从哪里来的。我的身体会感受到疼痛，即便如此，我也必须强迫自己坚持，因为我知道如果我跑得不够快，会面临更加糟糕的结果。

当我们感觉快不行了的时候，是哪里来的力量让我们坚持下去的？可能是因为我们很清楚，其他球队也在做着这样的事情，如果我们放弃了，那他们就会在球场上战胜我们。所以，我和队友们想要战胜的是对失利的恐惧。这其实是一种健康的恐惧情绪，但前提是你要有正确的审视角度。对于那个年纪的孩子来说，其实是一件很困难的任务。

完成那些如自杀一般的训练，反复完成那些训练，哪怕你已经气喘吁吁，嗓子冒烟。就算如此，你还要继续跑下去，在跑道上一圈一圈地跑。你脑子仅剩的念头，就是保持呼吸，等待一个短暂的休息。起初你可以休息2分钟、1分钟，后来你只能休息15秒，你只有这么短的时间来调整呼吸，而这一切似乎没有尽头，永远不会停止。

就像坎迪斯所说的那样，永远还有下一次，磨炼接连不断，考验永不停歇。

阿伦教练其实希望击垮我们，至少我当时是这么认为。同时，他也在试图教会我们如何挖掘身体中的潜能。他希望用更有技巧的方式，帮助我们训练，让我们可以从每次的呼吸中获取更多的氧气。这就是为什么从很早开始，运动员在进行训练时，都要进行跑步和冲刺的练习。

绝大部分的体育运动都需要你在短时间内集中力量，然后爆发出来，接下来经过一段短暂的调整后，再重复一次。发球进场后，你在场上奔跑起来，开始进攻回合，进攻不中后，你需要跑回本方半场防守。然后，如果你足够幸运，会听到裁判响哨吹犯规，给你喘息的机会。

篮球比赛基本就是在重复这样的过程，一遍又一遍，直到打满48分钟。有时候，这样的过程可能每隔24秒会重复一次，但有时候，如果你恰好在迈克·德安东尼的那支崇尚"7秒或更少"的菲尼克斯太阳队打球，这个过程重复的次数，可能多到数不清。如果你想要让自己变得更强，唯一的方式就是不断训练。

就像任何项目的运动员一样，教练也希望我们能够在场上发挥更好，哪怕我们已经筋疲力尽，也要有好的表现。他希望我们有足够的战斗欲望，能够在场上坚持下去。

在本书开始部分，我要告诉你们一件我自己坚信的事情：一个运动员在筋疲力尽时的发挥与表现，可以让你看清他的真面目，了解他的好胜心。那些取得成功的运动员，他们压根就不会考虑体力枯竭的问题，因为他们已经习惯如此，他们的想法都是如何在场上打出精彩的表现。

实际上，这可能就是一个运动员的真正内核——在你除了疲惫没有其他感觉时，依旧能不断超越自己，突破自身的限制。

第一封信：战胜疲惫

职业生涯头几年，当我在多伦多猛龙队效力时，很多次当队友被犯规，站在罚球线前准备罚球时，我总能听到那些准备和我争抢篮板的对手，说出内容不同但意思差不多的话——

"我们要斗一下吗？"

"哟，你想抢这个球吗？"

起初，我还不理解他们的意思，在我听来，这有点像那些甩掉手套、准备打架的冰球运动员说出来的话。而我就盯着他们，跟他们一起站在距离篮筐最近的地方，弯下腰，拉扯他们的短裤，争取能够卡在他们身前，挡在教练、摄像机和他们的中间。

然后，我就抢到了篮板。

对手的意思就是问我，如果我的队友罚球不中，我会争夺那个篮板吗？他们想要和我来一个君子协定，在通常情况下，第二个罚球不中时，防守方更加靠近篮筐，位置更好，所以通常会拿到篮板。如果我同意了他的提议，我俩谁也不需要那么拼命卡位，因为就算拼尽全力，结果可能还是和绝大多数时刻一样。所以，要是我们达成一种默契，我俩都无须做没有必要的跳跃，同时还不会让教练生气。

这就如同一条NBA的"潜规则"，或者类似一场重量级拳击比赛，当两位拳手打到第八局时，双方都会默默达成一种协议，然后满怀感激在比赛中休息几秒钟。我与对手达成过类似的协定吗？当然了。有些球员可能发誓说自己没做过，但事实却是，联盟中所有人都干过类似的事情。但我希望你们听到对手提出类似的条件时，可以稍微犹豫一下。

任何条件下，无论何种原因，同意这种事情对你来说并不是最佳的选择，因为你是在欺骗自己，也是在比赛中作弊。随着我在职业生涯上越走越远，我也很珍惜那些休息的机会，像一个在沙漠中极度饥渴的人，努力抓住机会。我也慢慢体会到了坎迪斯提及的精神层面的疲惫，有些日子里，我也会对其让步。每个球员都有类似的体验，每个运动员都会用各种方式逃避。

不过，我非常厌恶主动放弃争抢篮板的想法，哪怕是在我选择这样做的时候也是如此。过去如此，现在我则更加深恶痛绝。如果你想要干出一番事业，那你就必须对这种行为生出厌恶的情绪。

你觉得科比·布莱恩特会突然说"兄弟，我现在的状态真的特别出色，每晚可以毫不费力得到30分"吗？不可能！想要达成这个目标，你需要不放弃任何可能，并且要在你感到疲惫的时候，再猛推自己一把。这其实就是体育运动很具有讽刺性的一面：只有扛过去了，你才真正具备了扛过去的能力。

在职业生涯里，我观看了很多诸如科比·布莱恩特、理查德·汉密尔顿和蒂姆·邓肯等名将的比赛，在绝佳的场边座位上，我看着他们如何在比赛第四节还能不断挖掘出额外的能量。当我在场上换防到科比面前时，他可以利用各种假动作戏耍我；当我面对邓肯，他会用大屁股狠狠顶我的肚子，让我失去平衡，然后用那无人可挡的转身擦板投篮完成进攻。有那么一瞬间，我突然意识到一点，那就是我在第四节无法跟上他们的脚步，那一刻我真的非常痛苦。不过，这也是一个学习的过程，虽然在那些夜晚，他们在场上击败了我，但也给我上了一课。他们用行动告诉我，真正伟大的球员已经达到了怎样的高度。

我也希望达到那样的高度，获得他们那样的能力，在最后的收官阶段统治球场。小时候，有一句俗语：逆水行舟，不进则退。

当然，一直念叨训练很重要是很轻松的，听到别人这么说时不停点头也同样轻松。但是，在赛季尚未开始，你就需要在得克萨斯州的夏日阳光下一天两练时，一切就会变得非常艰难。当你是唯一回追对手快攻的防守球员，而且最终无能为力时，一切都会变得更加艰难。当你已经打完了70场比赛，却突然意识到还有一个月常规赛才结束，而你的球队已经彻底无缘季后赛，或者已经锁定了季后赛的席位，此时，你想要保存体力，对手又开始问你要不要抢下一个篮板时，一切才会变得更加艰难。

我记得在多伦多猛龙队的菜鸟赛季，球队在赛季末段已经确定无缘季后赛，当时，我因为自己第一个职业生涯赛季就要如此结束而感到难受。不过，我还是带着运动员应有的骄傲踏上球场，哪怕两个膝盖都戴着护具，我依然坚持一场比赛出战35分钟或者40分钟。

当你面对那种时刻，想再推自己一把是很困难的。但我一直坚信，你做一件事的态度，决定了你做每件事的态度。如果你在比赛中或者人生的道路上为自己找借口，或者走捷径，那么其他事情发生时，你很难不让自己也这么做。如果在不那么关键的时刻，你放任对手抢走一个篮板，等真到了紧要关头，你想激发自己拼死争夺篮板的决心，无疑将会更加困难。如果你觉得没人关注你，所以就偷个懒，当季后赛到来时，每个人都在球场上拿出200%的劲头时，当对手也跟你一样想去争抢那个篮板时，你能从哪里获得那份力量呢？

我非常痴迷看大卫·戈金斯的比赛，他曾经是海豹突击队的成员，如今则是一位超级马拉松运动员，这项运动要求参赛者在24小时内跑完218千米。你能想象一个人连续跑一整天的模样吗？大卫就说，参与这项运动的关键，就是要学会质疑自己的极限："当你觉得自己已经达到身体极限时，其实你只使出了40%的能力。你的大脑告诉你停下来，其实这是大脑在撒谎，你的身体越过了这个节点后，还能依旧很好运转下去。"

了解了这一点，应该会赋予你更多的力量。想象一下，如果机械师告诉你，当汽车"油箱已空"的指示灯亮起时，还可以继续驾驶300千米，那是一种怎样的感受。如果情况真的如此，你就不会再去关注那个指示灯，直到你通过某种方式让其熄灭。

其实，我说这么多，想告诉你们一个我自己的经验，那就是你精神层面所感知的极限，就好像汽车的指示灯，你可以完全无视它。唯一的差别可能就是，没有机械师可以通过某种方式去真正熄灭那盏灯。当油箱里还有足够你继续跑300千米的油量时，它还会亮着。所以，你要做的就是必须推着自己继续前进。

不管是在小联盟中的一场重要比赛，还是在接力队中跑某一棒，又或者是在比赛最后几秒时争夺一个地板球，你需要记住的一点就是，当感觉自己身心俱疲、毫无能量时，那只是大脑在提示你这件事，而这是一句谎话。你还能做更多，我们每个人都可以。杰出运动员与平庸运动员的最大差别，可能就是能否掌握把大脑中那个"油箱已空"指示灯关闭的能力。

这也是为什么要在训练和比赛中不断强迫自己向前的原因，这不仅仅是为了锻炼身体，也是为了磨炼意志。这个过程中，你能更加了解大脑中那个指示灯，也能学会如何无视它。我记得第一次在训练中跑一千米的场景，我觉得有个"小人儿"全程坐在我的肩膀上，反复念叨这是不可能完成的，说我在跑完之前就会崩溃。当跑完的时候，我就在脑子里喊："该死的，我扛过了那个声音，我能够做到，除此之外，我还能做到什么？"如果你也在训练中逼迫自己前进，那你肯定每天都有类似经历。你要明白一点，不要试图教会你的心肺跟上双腿的节奏，你是在教会自己如何击败脑子里的那个声音。

希望赢得胜利，或者做到任何有价值的事情，都需要你去挖掘那些在通常情况下无须挖掘的能量。这就是事实，而我在整个职业生涯中一直都在经历和见证这些。

第一封信：战胜疲惫

能够定义我篮球生涯的时刻有很多，其中一个就是2013年总决赛第六场，我身披热火队球衣，助攻雷·阿伦投进绝平三分的那一刻。你们可能在电视上看过这一幕，很多人都看过，而绝大多数人看到的可能就是我拼命抢到了那个篮板，然后雷·阿伦命中了三分。但很容易被忽视的一点，就是在我争抢这个篮板前发生的事情。

那场比赛是我们整个赛季的第96场比赛，是与马刺队总决赛的第六战。在此之前，我们已经与步行者队在东部决赛鏖战七场。我抢到篮板时，已经是一场48分钟比赛的最后几秒，别忘了，本场比赛还有加时赛。在比赛中，我绝大多数时刻都要与NBA有史以来最强的大前锋蒂姆·邓肯对抗。

我不知道如何为你们描述，才能让你们明白打过96场NBA比赛，还要面对那样一个强悍的对手时，你的疲劳感会达到何种程度。想象一下你所经历的最疲惫时刻，然后是其20倍，这就是我当时的疲惫程度了。

这种冲击冠军的时刻没人再偷懒了，也没人在抢篮板前跟你定下君子协定。在这个最高级别舞台上，所有人都拿出了200%的能量，所有人都到了极限，抢不到篮板你就需要全力冲刺，回到本方半场防守。此时，你就是靠身体的本能反应在行动，同时必须隔绝你所有的感觉器官，也不能去思考。因为一旦你开始有意识地进行思考，就会发现自己正在做的事情简直太疯狂了。

第六战结束后，雷·阿伦说的一番话我时至今日还记得："想象一下，如果我们在训练中只偷了一会儿懒；想象一下，如果我们稍微放纵自己多一点；想象一下，如果在我们最需要能量的时候少了那么一点，我们付出的代价可能就是一个总冠军，而那将是一种耻辱。"结果就是，我们在训练中付出了足够的努力，在最需要的时候获得了回报。就在生死存亡的关键时刻，我们都很清楚如何在体能枯竭时战斗。而雷·阿伦尤其了解如何在那种情况下,在现场超过1.8万人的注视下投进关键球。因为他不仅训练过,还反复设想这样的局面。他会在很疲劳的时候继续训练,甚至会在常规训练结束后再继续加练。这让他的身体可以了解和感知,让他的脚趾知道三分线的边界,让他的脚后跟知道边线的位置,让他的大腿和小腿知道需要提供多大的助推力,让他的手知道要摆在球的哪个位置上,让他的胳膊肘知道如何瞄向篮筐。所有这些,都已经在一起磨炼了数十万次。

也许你在电视上看过类似那年总决赛第六战的比赛,你看到所有人在比赛结束时,全身都已经湿透了,胜利者在肆意欢庆,而失败者默默返回更衣室。你不是职业运动员,觉得每个人在比赛结束时的状态似乎都挺不错,只是有点喘,似乎也没有太糟糕,对吗?

绝非如此,其实每个人都浑身疼痛。对我们来说,与蒂姆·邓肯艰难对抗了一整场之后,获得的奖励就是,能够在休息一天之后,与他们展开第七战的对决。谁都清楚,那场比赛的艰难程度,比我们刚刚经历的这一场更残酷。

我还记得热火队总裁帕特·莱利总爱说一句话:"朝你的灵魂深处去挖掘,看看那里有什么。"在那一轮总决赛中,我们知道了这个问题的答案。

日复一日的苦练,无法让你的身高增长,让你的双手变大。的确,你可以通过训练提高自己的反应能力,但是这些大部分都是与你的天赋有关,无法从根本上进行提高。在场上的坚毅、奉献精神是可以学来的,还有无视"油箱已空"指示灯的能力,这些都需要靠自己去掌握和提升。

所谓天赋,其实与努力程度以及身体状态并没有什么关联,哪怕你不是天赋异禀的人,也可以成为身体状态很好的运动员,或者是身体

第一封信：战胜疲惫

状态很好的普通人。无须具备任何天赋或者运动能力，你也能做到这一点。我见过很多人，他们付出非常多的努力，目的就是要让自己的身体状态超过对手，或者是超过与自己竞争同一个位置的队友。毕竟，当争夺地板球，或者是抢进攻篮板，又或者挤占场上位置，你靠的就是精神上的动力，以及身体状态，而不是天赋。

J.J.雷迪克是一个优秀的投手，他之所以能够在NBA中征战15年之久，靠的就是在半场攻防中不知疲倦地奔跑。他的运动能力不如95%的NBA球员，但他就是会一次又一次地绕过、穿过、钻过掩护，直到获得空位，然后可以将他最重要的天赋——投篮，施展出来并接管比赛。

这就是赛场上的实际情况。有时候，比赛如同一场马拉松，有时候如同一场赤手空拳的搏斗。有时候，坚持到最后的那个人会获得胜利，但有时候，是最后还在移动的人取得了成功。

在我成长过程中，当时NBA最强悍的三个防守球员是丹尼斯·罗德曼、斯科蒂·皮蓬和本·华莱士。他们用杰出的防守以及篮板能力，在联盟中打出了名头。你知道他们在哪里读大学吗？分别是东南俄克拉荷马州立大学、中部阿肯色大学以及弗吉尼亚联合大学。他们并没有所谓的"天赋"赢得奖学金，从而进入水平更高的大学，他们拥有的只是坚毅、强悍以及出众的身体状态。你知道他们仨还有什么共同点吗？那就是他们平均有超过15年的职业生涯，他们仨都是总冠军，累计拿到了12枚总冠军戒指。

至于我，我去了佐治亚理工学院，这是一所很好的学校，但与杜克大学、肯塔基大学这样的篮球名校还是无法相提并论。这是一条不那么光鲜的道路，却是一条让我充满信心的道路。因为我了解自己，我是一个肯下苦功的人。

如果你能够在场上来回奔跑60分钟后，还继续强硬防守，我们就能

011

继续往下聊了。如果你走向另一个方向，整个夏天都在训练自己的控球技术以及投篮能力，却没有保持良好的身材，唯一可以让你与别人交流的地方，可能就是视频网站的评论区了。当你陷入疲劳的状态中，这些技巧其实毫无用处，现在你就可以把它们丢掉。

我希望你们不要认为一切都会水到渠成，就好像一个始终早起的人才会说："早起一点也没什么问题。"我前面提过，提升耐力是一件艰难的事情，哪怕是我也从未说过"我迫不及待地想做冲刺跑训练"这种话。说实话，我一直都非常讨厌跑步，非常讨厌！我曾经很恐惧，害怕自己陷入那种筋疲力尽，上气不接下气的状态。我也害怕在队友面前展示跑动能力，更怕自己落后了被教练点名。我曾经对训练非常恐惧，因为我知道上面这些感觉，都会不可避免地出现。

然而，我还是坚持训练，并且拥抱这一切，这些训练的确帮我获得了提升。你明白我的意思吗？我对自己说，这些训练确实帮助我变得更好了，我或许也能克服那种恐惧。因为在训练中，有时候你需要做的就是撑过下一次冲刺跑，然后再撑过下一次。当你感觉双腿像着火了一般时，继续在场上冲刺。其实，这也是对篮球运动员一部分工作状态的描述。除了双腿"烧起来"之外，你的胸膛也在"燃烧"，而你必须习惯这些，必须习惯将自己推过又一个极限的感觉。

休赛期，我会和训练师肯·罗伯森跑几千米。他除了做我的训练师外，还指导了拉里·约翰逊、柯克·托马斯以及拉玛库斯·阿尔德里奇这些同样来自达拉斯的球员们训练。我们会一起一千米接着一千米地跑下去，每天都是如此。通过这样的方式，他想教会我们的一件事，就是要扛过身体的疲劳。在这个过程中，你要持续不断地与体内的那个恶魔对抗，就是那个在你的脑子里，用细微的声音诱惑你放弃，或者是乞求你放弃的那个恶魔："请你停下来吧，就停下一秒，求你了！"

不过，你渐渐就会发现，自己已经适应了这种感觉，适应了小腿仿佛燃烧的感觉，适应了脑子中持续不断的声音，而且你还可以让那个声音闭上嘴。所有的伤痛都是暂时的，最后的冠军才是永恒的。

你需要找到一种办法爱上这些，爱上冲刺跑，爱上长跑，爱上力量训练，爱上所有的准备工作。无论你是假装喜欢，还是通过某种计谋让自己喜欢，总之要实现这个目标。没拿到冠军的人，与冠军之间的差别，用两句话就能体现，前者会说："这个太艰苦了，我放弃。"而后者会说："这个太艰苦了，再给我来点儿。"或者，你也可以记住穆罕默德·阿里的话："我讨厌训练中的每一分钟，但我还是对自己说：'不要放弃，现在忍受痛苦，你的余生都将戴着冠军光环。'"

伤痛是暂时的，荣耀是永恒的。如果你想提升自己，那必须适应伤痛的感觉，必须适应训练场上的筋疲力尽。我无法向你保证在今后的训练中感觉很舒适，但我可以告诉你，那就是你会慢慢熟悉这种感觉，这样你就在心理以及身体层面，都会获得更大的回旋余地，不仅可以提高自己，也会避免在压力下的崩溃。

你无法彻底驱除伤痛或者力竭等负面感觉，但你可以学着如何适应，可以说："哦，我记得你们，我知道接下来你们会是怎样的一副模样。"

这样一来，当你又一次在第四节最后几分钟汗流浃背、气喘吁吁、心跳加速的时候，你就无须恐慌了。你可以对自己说："这些我之前就体验了。"你肯定还想说一句："我可以搞定这个局面。"如此一来，你就能把注意力都集中在比赛中，而不是关注自己酸痛的肌肉了。

就在这一刻，在你耐力的极限之处，你发现自己实现了跨越。这样，你在赛场上就能感受到此前训练带来的回报。这种回报不仅出现在比赛中，也会出现在你生活中的方方面面。当你进行折返跑练习训练时，教练喊停，那就意味着可以结束了。但是在比赛中，只有计时器归零、赢家诞生的那一刻，一切才真的结束。而你是否能够经常成为赢家，这就要看你的选择了，要看你强迫自己突破极限到何种程度了。

回到现实生活中，情况也是如此。生活的车轮滚滚向前，那些艰巨的挑战袭来之前，不会有人在意你是否已经充分休整并做好了准备。生活就会在你出其不意的时候，向你发起挑战——你可能会丢掉工作，或者在你非常在乎的事情上遭遇失败，或者你深爱的人遭遇疾病（等你有了孩子会有更深刻的体会）。

面对逆境，有人会愁眉不展，而有人会坚强且充满智慧地扛过去，两类人之间的最大差别，就是忍耐力上的不同。有人哪怕已经被逼到了极限，哪怕遭遇天大的不公，哪怕只想蜷缩进隐秘的洞穴里，但他们还是能够克服。当这些艰难的时光到来时，大脑中可能会暗示你，你已经触及极限了。记住：你的大脑在撒谎。

所以，我也曾经感受到极大的疲惫，我很能够体会到你们的心情，真的。我甚至可以感受到你在读这段文字的时候，忍不住想打瞌睡的感觉。你好不容易完成了作业，忙完了家务，在健身房里度过了漫长的一天，此时，你登上球队大巴车，或者回到卧室里，身体上的那种感觉，我真的可以体会。

但是，你知道我对这种感觉的评价是什么吗？我的评价是：这太棒了。

因为，你的肌肉正在增长，心理正在变得愈发强健，你正在慢慢适应那些对绝大多数人来说无法忍受的不适感。无论在比赛中，还是在生活中，总有一些关键时刻，需要你使出更多的力量，此时，你正在慢慢获得这种力量。你正在打造一种"至高无上的条件反射"，这不仅可以帮助你获得坚持的能力，更会让你具备主动坚持的动力。

如此一来，当你面对对手时，他们就会从你的眼神中看到你所具备的能力。你始终在球场上坚持，而他们会对你绵延不断的体能感到惊叹。你要牢记，你的对手也已经累到极致，所以，当他们看到你的眼神，从中读出你已经做好准备再战一个回合的决心时，他们意志就会被瓦解，他们的求生欲望会瞬间散落。

这似乎是一条无比漫长的道路，而走在路上，你感受到的只有疲惫。你不知道还要打多少场比赛了，或者你正在经历伤病康复的漫长过程。又或者在冲击目标大学的道路上，而你的分数还有一定的距离。此时，你觉得自己已经做了太多，你觉得自己就要燃烧殆尽，仿佛身处炼狱。

我非常理解这种感受。但是，你知道我会说什么，如果你想走出炼狱，那就要坚持走下去。

这就是现阶段你要做的事情，你必须坚持下去。同时，你也要记得，当走过终点，等在那里的是一个更强壮、更坚毅、更难以击败的你。

克里斯·波什

第二封信：**寻找初心**

　　我前面讲过我被高中教练拉到一边的往事，他当时问我："你想用你学到的这些做什么呢，克里斯？"

　　这是一个很好的问题，在某种程度上为我指明了人生方向。他希望得知的那个答案，在其他教练看来，可能毫无意义。但回答这个问题后，你会忍不住想下面这些问题：我做这些到底为了什么？我能否跳出眼前的这一场比赛，考虑下一场、下一个赛季的比赛，甚至思考篮球在我生命中所扮演的角色呢？我能否在为篮球付出那么多努力后，真正思考我这么做的终极目标是什么吗？

　　这个问题，其实是针对你的努力和付出。比如，当朋友们在玩乐的时候，你在健身房里挥汗如雨。比如，当你在黎明时分就出去跑步，面对批评和质疑仍坚持前进。比如，训练结束或打完比赛，全身的肌肉酸痛不已，几乎要放弃的时候，你却坚持重返球场，又多练了一百个罚球。所有的这一切，究竟是为了什么？

　　也许，教练可以换个方式问我："你为什么做这些，克里斯？"

这个问题背后的意思可以是你为什么现在在训练？你为什么练得如此刻苦？为什么你将运动员视为终生事业？面对这些问题，不要用"我想赢下得州冠军"来作为答案，你需要一个比这更深刻的原因。

所以，我也想要问你们同样的问题：你们的初心是什么呢？

我人生中绝大多数时间都在从事篮球运动，你们肯定想不到，很多在篮球运动上具备非凡天赋的人，却无法给出这个问题的答案。他们似乎主宰着比赛，但其实在内心里，他们非常被动。对他们而言，别人赋予他们参与篮球运动的原因。比如，"爸爸让我打球""教练说我很适合打大前锋""我觉得自己挺擅长的，就坚持下来"等。很多人就把自己的一生投入他人的目标和梦想上，却没有追求自己的梦想。

当然，很多时候你们要听教练的话，特别是教练让你进行"死亡折返跑"的时候。但是，当教练告诉你篮球运动对你的意义时，千万别听。因为你需要自己找到答案。

这个答案绝对不是你个子很高；也不是有人觉得篮球运动可以发泄多余的精力，是很好的课外活动。于是，你就顺理成章投身其中了。这些可以作为不错的起点，但是，我给你提出的要求：进行真正的思考。

这个答案当然也不是你的偶像们通过篮球运动名利双收。你需要思考一些更深层次的内容。

"我参与篮球运动，因为我想赢下比赛胜利。"

为什么想赢？

"因为我想要赢下州冠军。"

为什么这对你很重要？

"因为赢得州冠军，人们就会尊重我。"

为什么这一点你如此看重？

你懂我的意思了吗？当你提出足够多的问题，思考就会变得非常深入,行动也会非常快速。如果挖掘得够深,你在周六早上7点去训练馆练球时就更有动力了,你也会明确方向,知道自己希望成为怎样的人,更知道什么对你来说才是有意义的。

在《从"为什么"开始》这本书里,作者西蒙·斯涅克阐明了一点,那就是在绝大多数伟大的成功背后,"清晰的原因"都发挥了很大的作用,无论在商业、政治还是文化领域都是如此。如果你去问一家成功公司的领袖,什么才是他们最希望输出的东西,他们绝对不会说是某件产品,他们会给出你一个"为什么",这是一种无形的,却能将消费者牢牢抓住的东西。苹果其实并不是在卖电子产品,而是在输出"非同凡想"的理念;西南航空并不是在卖机票,而是传递给普通人也可以旅行和冒险的想法;迪士尼也不是只在做电影,而是在讲故事,讲述那些生动多彩、让你想以各种形式去感受和经历的故事。

至于我,我也不是在打篮球,而是努力成为最好的自己,我在努力地搞清楚自己的潜力。时至今日,我一直都怀揣着这个"为什么"前进着。

你并不是一家公司,但你也有必要思考一下自己的宣言。在外包装的里面,到底什么才是推动你倾尽全力的初心呢?

这个初心,一定不能是成为职业运动员,也不能是成为有钱人,或者也不能是拥有属于自己的签名鞋。我曾经拥有这些,实话实说,它们的确能带来快乐,但远远不够。就像前面讨论的,你正在踏上的这趟征途,是真的真的很艰苦。虽然道路尽头的那一罐金子,似乎能够为你提供足够的动力,帮你扛过最艰苦的历程,但实际上其远远不够。

当成功后,你获得的回报并不是你提出的那些"为什么"的答案。在你通往目的地的过程中,这些"为什么"更多时候是工具,而非终点。

所以，这个初心的真正含义是什么呢？当你意识到自己将天赋全部展现出来的时候，当你将才华全部以最佳状态发挥出来的时候，当你作为团队的一分子，感受到团队像一部充分润滑的机器快速运转的时候，你就会明白它的含义了。

对我来说，自己初心的重要部分，是球鞋在体育馆木地板上的摩擦声，我真的太爱那个声音了。还有体育馆里的味道，我也非常喜欢。我还喜欢绷紧肌肉，感受其中蕴藏的力量。还有队友间的信赖感，就是你相信队友会跑到场上的某个位置，当你传球的时候，他也恰好到位的那种信赖感。还有篮球穿过篮网时发出的声音、跳球前体内的那股翻涌感、一场焦灼比赛最后关头时热血沸腾的感觉。

当我在哈坎斯小学读四年级的时候，打了人生中第一场正式的篮球比赛。那天的情形还历历在目，那也是我第一次感受到程度如此激动的情绪。此前我也打过篮球比赛，但基本都是和朋友们在操场上玩，也没有记分牌。而那天的正式比赛，让我第一次有了"哇哦，这就是篮球"的感觉。全场比赛，我都全情投入其中。第二天，当准备进行第二场比赛时，我听到有人说："嘿，克里斯·波什不错，他打球有两下子。"虽然只有一位老师注意到了我，但我还是觉得自己的表现被人看见了，我展现出了自己的能力。也是在那时，我发现了自己的长处，更验证了一件事，那就是我在篮球上的付出收获了回报。几周之后，我就开始系统进行篮球训练了，一位教练听到了关于我的传言，所以找到我，带我训练。

从此，我正式踏上篮球之路。我打球是因为热爱，也是因为想把握机会，展示我的能力。但就像我前面所说的，这背后还有更深层次的原因。之后我才慢慢明白，这个原因肯定不是为了吸引别人的注意，而是一个人具备的能力和天赋。当我意识到了这些之后，我发现自己可以做到很多看起来难以置信的事情。也正是因为这些，我可以发出一份声明，告诉任何人在体育、商业领域以及人生中，我到底是怎样的一个人。

这就是我的初心，我要大声宣布：我就是这样的一个人，我利用父母给我的天赋，可以做到这些事情。我在球场上挑战对手，在球队里挑战队友，我要求他们发挥能力，让我看看他们能做到什么。然后，我们一起展现出最强的模样。

2019年，NFL（美国橄榄球联盟）新奥尔良圣徒队，打出了堪称队史最佳的一个赛季。主教练西恩·佩顿希望在球队朝着总冠军发起最后冲击之前，给球员一点额外的动力。于是，在那年季后赛开始前，他雇用了两位保镖，把自己在2010年赢得的总冠军奖杯——隆巴迪杯拿到了更衣室里，连同12万美元（打进NFL总决赛后球员可获得的奖金数）现金，一起堆放在更衣室里。训练结束后，他走进更衣室对球员说："你们想要这些吗？想要就再赢下三场比赛。"说完，他径直离开了。

这是一个非常有反派作风的行为，如果在电影《挑战星期天》里出现，那绝对会看起来很棒。金钱和奖杯，这是剥离了浮华外表之后，最原生态的东西，它们代表的就是一些最原始的欲望。但是，你们猜结果如何，完全没用！圣徒队最终在美联冠军系列赛中输给了公羊队，连最后的决赛超级碗都没打进。

的确，那场比赛中，裁判的几个错判对圣徒队很不利。但有一点可以肯定，那就是只有在体育电影中，球队最终是否能赢下比赛，会受到教练在更衣室中演讲的重要影响。在我的这本书里，我不会讲这句话。我并不是想告诉你们，圣徒队输球是因为佩恩教练用了一些很糟糕的激励方式，当然，我也觉得如果他挖掘得再深入，效果肯定会更好。他摆出来的是额外的金钱和闪亮的奖杯，而当时在更衣室里的每个人，赚到的钱都已经比小时候多得多，也在这么多年中拿到了无数的奖杯和荣誉，否则他们也不会进入NFL。

此前，佩恩教练还有另一次激励球队的行动。在我看来，那次就是将更有意义也更有深度的目标与球员联系在了一起，我甚至觉得，那是体育历史上最动人的激励时刻。那是2006年，在卡特里娜飓风造成了严重破坏后，圣徒队重回新奥尔良，将在主场超级巨蛋球场进行揭幕战。橄榄球记者罗伯特·梅斯在报道中，提到了佩恩教练如何帮助球队做好比赛准备的一幕：

"在与猎鹰队周一夜赛开打前三天，佩恩带着全队人来到了球场，那是灾后的第一次。球员们聚集在球场50码线（球场中心线）上，一言不发，都看着球场大屏幕上播放的视频。视频中是照片，展现的都是当地受灾的画面。"

所有圣徒队球员都明白，他们不仅仅去争取一场比赛的胜利，更是将一座曾经很骄傲、如今被踩躏但依旧坚韧的城市扛在自己的背上。"那是非常非常沉重，同时也很安静的时刻。"圣徒队线卫斯科特·藤田说。在开球之前，球队全卫麦克·卡尼说："我记得看向猎鹰队的时候，一个想法立刻冒了出来：'他们的心思完全不在比赛上。'那一刻，我就知道我们已经赢了比赛，就这么简单。"

这场比赛的转折点是，在超级巨蛋球场外被竖起雕像的斯蒂夫·格里森完成的那次阻挡弃踢。当格里森用整个身体挡住对手弃踢出来的球时，你能清晰听到他发出的那种声响，你也能清晰听到他的初心是什么。他这么做不是为了钱，也不是为了奖杯，而是为了这座城市。他希望用这种力量，给这里的人们以希望，让他们重新团结起来。就是带着这个初心，格里森和圣徒队用自己的力量帮助新奥尔良进行重建，也是带着这个初心，格里森如今依旧在和肌萎缩性侧索硬化症(ALS)勇敢斗争。

如今，我依旧记得那次阻挡弃踢，至于比赛的结果，我反而忘了。真正重要的一点就是，这些球员为了更重要的目标而奋战，不是为了挣钱，也不仅是为了胜利和名声，他们更不是仅仅为自己而战。在重回超级巨蛋球场的第一年，圣徒队挂出了一条大横幅，上面写着："我们的家，我们的球队，成为圣徒队一员。"正是这些汇聚在一起的能量，激励他们在几年之后再次回到了超级碗赛场上。我认为在前往迈阿密打超级碗的旅途中，任何一个圣徒队球员都没有想能拿到多少奖金这种事情。

说了这么多，我也绝不是认为用物质刺激无法帮助你取得胜利，你当然可以用这个办法实现目标。

我12岁那年，爸爸和我有一次对话。他对我说："听着，我没办法供你读大学，现在我就要告诉你。你应该继续打篮球，这是很好的方式，你能通过打球拿到奖学金。"我很感激他的诚实，这让我目标明确，给了我一个可以为之努力的目标。我的部分目标，就是拿奖学金，而爸爸帮助我发现篮球是可以实现这个目标的手段。他和我说："我可以看出，你热爱篮球，从你还是个孩子开始，你就热爱篮球。也正是因为这种热爱，它能帮助你拿到奖学金，然后去一所好学校。"

有了这个额外的动力之后，我觉得自己变得更出色了。注意，我用的词汇是"额外"。满足需要非常必要，但有时候也不能充分满足所有的需要。需要一些证据吗？比如，我见过很多天赋异禀的孩子，他们的各种需求都能得到满足，当他们完成一些目标的时候还有经济上的奖励，可是，总有一些别的原因，导致他们无法全情投入。去看看在洛杉矶德鲁业余联赛打球的人，还有在纽约洛克公园打球的人，或者在美国任何一个球场里，无论哪一个时代，你总会听到有人讲述类似的故事，那就是他们身边有人打进了NBA，而还留在NBA的人都有一个口头禅：如果当时我怎么怎么样……

那打出来的人获得了什么？名声？人气？当然，这些都是让人愉悦的东西，但它们并不会持续太久。来做个实验吧，看看下面我列出的人员名单，你能够认出几个：大卫·汤普森、卡里姆·阿卜杜-贾巴尔、丹尼斯·约翰逊、乔治·麦金尼斯、保罗·韦斯特法尔、马奎斯·约翰逊、莫里斯·卢卡斯、沃尔特·大卫、杰克·西卡姆、阿蒂斯·吉尔莫尔、奥蒂斯·伯德松。这是1979年西部全明星的阵容名单，可以说是当年联盟中最知名、最受欢迎的球员了。而现在看这个名单，你可能只认识贾巴尔了，其他的人呢？他们的名气甚至还没有延续30年的时间。

你还可以试试打开20世纪90年代的歌单，看看当年最流行的说唱音乐，看看有多少歌是你听说过的。当年最知名的歌手，有些还拿过格莱美奖，但如今都已经被人彻底遗忘了。

说到20世纪90年代的说唱音乐，歌手纳斯（Nas）的那张名为*Illmatic*的专辑就非常出色，是通过了时间考验的专辑。在聊到创作过程时，纳斯说："我的理念就是通过音乐，带领你们走进我的公寓。我的目的不是成为说唱明星，我希望你们了解我这个人。希望让你们了解街头文化是怎样的一种滋味、一种感觉和一种气味。对我来说，用这样的方式讲述故事是最重要的，因为我觉得如果我不这么做，这些故事永远不会被人听到。"

听听这句："如果我不做，这些故事永远不会被人听到。"没人知道纳斯做出这张最经典的专辑，是否就是靠这种态度。这种态度就是，你无须考虑自己的故事是否能够成为经典，因为这是你的故事，你必须讲述出来。对我来说，如果我没有打篮球，那这个世界上不会有人像我这样打球。如果我没有打球，那我的队友们则面对更糟糕的处境。

第二封信：寻找初心

这就是"初心"的力量，它是一个答案。无论胜利还是失败，这个答案都是成立的。另外，如果你看过一些体育题材的电影，你可能明白一点——胜利不是解决所有问题的答案。如果你想通过胜利让自己变得更受欢迎，最终的结果可能令你感到吃惊，因为事情或许会朝着相反的方向发展。事实上，我们绝大多数的人，可能都更愿意支持失败的一方。

的确，金钱、名声和人气，这些也可以作为短期目标，但你是否想过，当你得到这些，接下来会发生些什么呢？在NBA就算只签一份新秀合同，通常也能获得足以改变一生的金钱，但那些最优秀的运动员绝不会因此止步。塞蕾娜·威廉姆斯这辈子都不用工作了，但她每天还都坚持工作和训练。她不仅要训练比赛技术和调整身体，还要打理自己的几家公司。塞蕾娜拥有的金钱已经远远超过她需要的范畴，而且她还赢得了23个大满贯冠军，是历史上赢得大满贯冠军第二多的女子网球运动员。在怀孕生产后，重回赛场的她也依旧是网坛最顶尖的运动员之一。她为什么要这么做？因为相比普通生活，她有着更大的目标和动力。

还有一个我经常看到的"初心"，我也非常能够对这种"初心"共情，那就是一种希望证明其他人错误的念头。或者是向你真正在乎的世界证明一点，你此前生活中遭遇的一切并不公平，以及你的出身并不能决定一切，还有就是让讨厌你的人闭上嘴。在体育领域，几乎所有运动员都会用这招，这是我们取得成功的一种方式，目的就是让自己不再感觉那么渺小。如果你缺乏自信心，或者你来自不完整的家庭，那观众的喊声能够在一定程度上补充你所缺乏的爱，篮球场也能像家庭一样，让你感受到自己的价值。

我加盟热火队的第一年，整个赛季我都想做一件事，那就是将我取得的成功，扔在批评者的面前。当时我就想，只要我赢下总冠军，我就能让讨厌我的人闭嘴。如果我赢得了最终的胜利，那我肯定会感觉非常好。所以，我当时的动力就是要证明那些人是错误的。

赛季过程中，我从未考虑过会输球，充斥在我脑子里的想法，就是要让质疑者闭嘴。整个赛季都是如此，包括季后赛和总决赛也是一样，我就觉得自己不会输。

可是，突然间，在总决赛结束的时候，我看到小牛队球员在场上庆祝。对手中有我的好朋友泰森·钱德勒，他过来安慰我说，要始终昂起头。这样的结果令我深受打击，我没有迎来一个大团圆的结局，我也无法令任何人闭嘴，我输了。

失利的感觉永远不会磨灭，哪怕你像我们一样，曾经取得了最终的胜利，结果还是如此。在输掉总决赛后的那几周里，很多时间我都必须与这种情绪为伍。我依旧认为，输掉那次总决赛，并不是因为我们在场上的态度有问题，而是对手真的比我们强。那几周里，我也会不停地想，如果我们赢了，真的可以让那些人闭嘴，那该是怎样的一种感受呢？

我下面说的话，你可能觉得是一种"酸葡萄"心理，但我必须要说。输掉总决赛后，我意识到了一点，就算我们赢了总冠军，也可能不会真的让我感到喜悦。高兴是肯定的，但也许就维持几天，顶多个把月，喜悦之情就会淡下去了。这种喜悦之所以不会延续很久，是因为我在过程中考虑的都是那些讨厌我的人，而没有思考我和队友们在一起做到了什么。所以，就算我当时真的赢得总冠军，我觉得自己能够得到的正能量，也比我输送给批评者的要少很多。

胜利很快会过去，如果你没有可以值得骄傲的目标，那不满足的情绪很快就将重新出现。如果你将愤怒作为自己前进的动力，那你在达成目标后所获得的欢愉，也会被这种情绪左右。哪怕你赢得的胜利和乔丹一样多，也还是无济于事。

所以，寻找初心，这点很重要。这个目标，能够帮助你扛过人生的起伏。哪怕你的生活支离破碎，哪怕你的一切都被夺走，但你的初心会依旧屹立。

莱恩·沙齐尔曾是NFL匹兹堡钢人队的球员，但比赛中一次强烈的冲撞，让他无法行走。

1949年，MLB（美国职业棒球大联盟）费城人队球员埃迪·维特库斯正在球队下榻的宾馆里休息，前台打来电话，说他的一位老同学也住在这里，他的老同学通过宾馆前台联系维特库斯，请他立马到自己的房间一趟，有急事找他。维特库斯前去赴约，但这位心理有严重问题的女性，用一把5.56毫米口径的步枪，朝维特库斯的胸口开了一枪，差点打死他。

还有鲍比·赫利，他在大学时代曾两次跟随杜克大学拿到冠军，还曾被评选为最终四强赛的MOP，也就是表现最突出球员。人们都期待他在职业联赛中大展拳脚，然而，新秀赛季的某场比赛后，在开车回家的路上，他驾驶的SUV被一辆旅行车从侧面撞翻，赫利直接被甩飞了出去，差点丧命。

现在，鲍比·赫利是亚利桑那大学篮球队的主教练，维特库斯重回球场后拿到了当年的"最佳复出球员奖"，还有莱恩·沙齐尔，直至今日还在进行康复训练，一点一点恢复自己的走路能力。每当我想到他们，我都能感受到他们那些十分强烈且深刻的目标感。任何人在遭遇了赫利那样危及生命的意外后，还能重返篮球场，本身就非常令人感到鼓舞。不过，更让我感到被激励的是，就算赫利没能回到职业赛场上，他还是找到了另一种方式，让自己的生活充满了意义和目标。

锡安·威廉姆森在大学打球时，也遭遇了一次很诡异的意外，他的球鞋踩裂了，自己也受了伤。看到这一幕时，我一下子想起了过去很多不好的回忆，万一他就此倒下了怎么办。幸运的是，他的伤势并没有看起来那么严重。如果事情没有按这个方向发展，如果他突然变得不像锡安，不再是那个统治大学联赛的球员，不再是NBA状元秀的热门人选，那他该怎么办？他能够掌控那种局面吗？他能够意识到，自己今后还有很长的人生，还有很多篮球以外的生活吗？或者，除了成为篮球明星，他还能从篮球运动中获得其他好处吗？

那个时刻，我想到了希尔教练，想到了他问我希望用自己的篮球天赋做些什么。我当时就希望，在锡安的身边，在他的生命里，也有人能够将这个问题抛给他。每个年轻运动员都需要有一段这样的对话，就算不是和教练谈这个话题，他们也应该问问自己。这也是为什么我一直让你们思考：到底你们打球是为什么？你希望达成什么目标？你想为自己打开哪些人生之门？你希望成为怎样的球员？你又想成为怎样的人？

有时候，就算没人强制要求，你也要将自己从床上拉起来，进行额外的训练。当你要寻找属于自己的初心时，也要坚持同样的原则。你可以尝试一下我在开头所提及的练习方法：先拿出一些比较浅层次的目标，然后针对每一个目标都问自己一句"为什么"，然后不断深入再深入，挖掘你真正的动力。当你走到那一步的时候，或许会非常吃惊。很多人在挖掘了自己的心理和精神后，都过上非常有目标感的生活，运动生涯也是如此。有时候，你在运动中的感受更直接，可能就是在比赛的某个瞬间，你会突然停下来，脑子里冒出一个想法：就是这一刻，这就是我热爱篮球的原因。在你追寻初心的过程中，你就会有这种感觉。

当然，你也在不断成长，随着比赛经验的积累，调整你自己的初心也没问题。希望随着你个人的不断成长和成熟，你的初心也能保持同样的前进节奏。对一项运动的热爱，能够帮助你扛过伤病、逆境以及失败的考验。不过，在我真正热爱篮球之前，我的想法很简单，就是想和朋友们去操场上消磨时间，投投篮而已。后来，我的动力不断变化和提升，和很多人一样。我说一个额外的秘诀，那就是不要把自己的初心挂靠在外部，不要依赖超出自己控制的能力。

记住，不要将目标锁定在比赛胜负上，也不要只想着赚钱或者拿奖学金，要找到更深层次的目标。要与自己的灵魂建立起连接，要与高于自己的事物建立起联系。完成这个任务的关键，并不是你自身的实力如何，关键是你对于自己拥有的"硬件"如何进行改造，你会将什么内容刻入自己的DNA里。

如果你做到了，你就能明白麦克·卡尼所说的那句话："没有任何对手，没有任何障碍希望与你扯上关系，你将会不可阻挡。"

克里斯·波什

第三封信：**保持饥饿**

有一天，我的NBA队友带着儿子来到训练场，在训练正式开始前，队友带着儿子在场上投篮。当时，那个孩子已经读高中了，我能看出来他的篮球天赋真的非常不错，而且他跟人斗嘴的本事也不错，一直念叨着要在我的头上扣篮等。虽然听起来让人不爽，但我还是很喜欢他的这种好胜心。

我能看出他的确很想成为赢家，他也的确为此付出了不少努力。通过他在球场上的表现，可以清楚看到这一点。但我想知道的是，驱动他前进的动力到底是什么？

前面我们刚刚聊了"寻找初心"这个话题，也许，他打球的目标就是让爸爸留下深刻的印象，或者希望提升自己的技术，又或者是梦想有朝一日打进NBA。

我们在这里聊的驱动力，是当你除了疲劳感再没有其他感觉时，能够让你保持前进的力量。我最早了解到这种力量，是从歌手布鲁斯·斯普林斯汀那里。他本来就是一个很普通的孩子，就像很多人一样，他迫切希望能够在人生中做出些不一样的事情。他极度渴望能够离开一直生活的小城，在世界留下自己的痕迹。现在，大家都用"大老板"这个昵称称呼他，因为他真的做到了。下面我引用他写的一段歌词，他真的做到了所提到的内容——

待在这座小城的街上，
它们已经将你塑造，
它们告诉你要保持饥饿感，
嘿，宝贝，我今晚真的饿到不行。

现在回想，在我读高中的时候，有些家庭条件优渥、平时被宠坏的孩子，就会在球场上被我们针对，我们总想用各种方式教训他们。他们天赋不错，而且训练装备也都是顶尖的，不过，我们也有他们难以企及的优势。最典型的一点，那就是我们真的非常"饥饿"。

想成为了不起的人，你就必须拥有"饥饿感"，说得文雅一点，这是一种渴望感，而且你也必须保持这种渴望感。

当你在球场上已经冲刺了好多来回，你还是要让自己冲击最后一个防守篮板；比赛进入最后时段，当身体几乎已经尖叫着让你停下来，你还要继续努力，争夺一个地板球。这就是饥饿感。伟大的运动员也曾体会到失利的苦楚，享受了胜利的欢愉，但真的往深处挖掘，几乎一切都能跟饥饿感联系在一起。这一点，与他们的身高、肺活量或者他们的目标同样重要。

你肯定听过解说员在总结一场比赛时这样的评价："是的，吉姆，这支球队就是更想拿下比赛。"我知道，这是一句再俗套不过的话，简直和"得分最多的球队将赢下比赛"一样没有意义。谁打比赛会不想获胜呢？然而，与绝大多数的陈词滥调一样，这些言语的背后，也隐藏着某些真相。

比赛毕竟不是"饥饿游戏"，也不是罗马斗兽场，除了输掉比赛和潜在的伤病外，失败的一方并不会真正面对什么糟糕的现实。特别是在职业体育赛场，绝大多数的球员，无论胜负如何，比赛结束后都能钻进自己的豪车里，去美美享用一顿佳肴，然后，躺在舒服的床上安然入睡。当你过上这种生活时，也可以轻松说服自己："这不过就是一场比赛而已，有时候你会赢，有时候你也会输。"但在这种环境里，还是有球员会无视惯性思维，依旧将每场比赛看成决定生死的48分钟。他们就是更想赢球的一方。在漫长的赛季中，这样的球员，以及拥有这样球员的球队，就会赢下一些本来可能输掉的比赛。

如此的饥饿感和渴望感，不会让你身高蹿升到两米，也不会教给你防守斯蒂芬·库里的办法。但是，在你无论如何都无法命中投篮的夜晚，在你怎样都得不到裁判判罚的夜晚，在仿佛全世界都与你为敌的时候，饥饿感与渴望感可能帮你渡过难关。

"更希望赢得比赛的球队获胜了！"这也许真的是一句废话，但也的确是一个事实。在球场上，不是每个人都能保持同样的精神强度，或者同样的求胜欲。就算是职业球员，有时候也会放松。

几年前，在一场职业棒球比赛中，有一个球员在第七局比赛中打出了一个右外野的深远高飞球。他以为自己打得足够远，球可以飞出球场变成本垒打，所以他没有立刻全力冲向一垒，而是停在原地欣赏那一球。结果，那个球差了一点，并没有飞出球场变成本垒打。此时，他才全力跑出去，本来能跑到二垒的他只能在跑到一垒后停下。最终，他们的球队就输了一分。

类似情况，在所有体育比赛中都出现过。就算是精英级别的职业赛场，饥饿感也远比你以为的要更加稀有。

所以，这也是一种天赋。比如很多身体条件非常出色的运动员，却没有与之相匹配的饥饿感和渴望感，而带着对胜利的渴望去比赛，这其实并不需要具备高人一等的身体天赋。在这方面，比赛录像不会撒谎。当你观看NCAA全美锦标赛时，就能更加明白我的意思。每年的比赛中，很多低顺位球队的阵容名单中没有太多精英级别的运动员，甚至连那种能够在NBA垃圾时间里上场的球员都很少。但你还是能一眼看出谁有着超强的饥饿感，而谁没有。有球员几乎出现在球场上的每一块区域里，他们抢篮板、争夺每一个地板球，在哨声吹停比赛前永远不会停下。哪怕比赛已经失去悬念，哪怕领先20分或是落后20分，他们都会一直拼命。

与任何一位NBA球员聊这个话题，他们肯定都能说自己认识某个人，这个人具备足以进入NBA的天赋，却没有那份动力和欲望。他们会和你说，这个家伙在场上能奉献精彩的扣篮，能在第四节关键时刻接管比赛。这时候，他们往往还会说一句："他本有机会打出来，但他这个人就是有点……"其实，NBA球员也都心知肚明，这是一个汇聚了众多精英球员的联盟，可只有精英级别的身体天赋，却远远不够。

我也见过很多人，他们停下了前进的脚步，可能是因为入选校队就感到满足，可能是签下了第一份职业球员合同，或者是第一次首发，又或者拿到了第一份球鞋合同。这样的情况下，他们突然失去了自己的饥饿感。所以，我也要再强调一遍，将金钱和名气当作自己的"为什么"是很糟糕的行为。

当然，庆祝没有任何问题，胜利以及人生中的重大时刻也的确值得庆祝。但是，有些人就会陷在里面出不来，与此同时，生活却没有停下脚步，其他球员还在训练馆里努力，新一批的孩子们也从大学进入联盟。反观自己，你的年龄在增长，身体机能相比几年前开始退化。如果不能保持饥饿感，生活就会抛下你。

当回顾自己的职业生涯，并思考什么是让我取得成功的原因时，我觉得这种"保持饥饿感的天赋"是一部分原因。其实，成长的过程中，我并没有像很多孩子那样，在这方面有很强烈的意愿。我上高中的时候，学校体育馆里只有基础的力量训练器材，当时我已经很满足了。不过，当我和队友们面对那些来自更好学校的孩子们时，我们感受到了差别。他们拥有我们永远无法得到的资源，但我们却非常享受与他们对抗的过程。我记得自己在那时候就有这样的想法：等到比赛结束了，我回到自己的生活，而你们也回到你们的生活，我们彼此有着天壤之别。但是现在，在这片球场上，我们是平等的。现在，我就想用这种你们甚至无法理解的方式争取胜利。

也许你的出身和我相似，甚至更糟糕。这种情况下，如果你认为打篮球或者从事体育运动肯定能让自己过上好生活，这无疑是愚蠢的想法。对于绝大多数的年轻运动员来说，最终的结果并非那么美好。这也是为什么，我希望你们能明白饥饿感的重要。这种感觉在场上发挥的作用，远不只是让你展现出比其他人更多的竞争力。

德雷蒙德·格林之所以那么出色，就是因为他拥有这种饥饿感，这让他成为冠军球队中最重要的球员。相比场上其他球员，格林明显更希望把握住每一次机会，无论在大学期间，还是离开大学之后，格林从来就没有获得过太多的机会。

当然，还有很多正在读这本书的年轻运动员，你的生活条件肯定比我小时候优渥。但这并不是意味着你就无法达到更高的级别，无法拥有更高水平的饥饿感。看看德雷蒙德·格林的队友克莱·汤普森，还有奥斯丁·里弗斯，或者是小蒂姆·哈达威，他们都是NBA球星的孩子。还有里克·巴里的四个儿子，也都打进了NBA。更不用说斯蒂芬·库里和塞斯·库里了。

所以，钱和资源并不是我们讨论这个问题的关键。也许，上面这些球员前进的驱动力，是证明"他们能进NBA只是因为父亲"的观点是错误的。所以，你心中的饥饿感，还是会导致事情朝着不同的方向发展。这一点，迈克尔·乔丹有着深刻的感触。在公牛队首次击败活塞队的系列赛前，乔丹曾告诉队友："虽然他们拥有丰富的经验，但我们拥有饥饿感。"

一场势均力敌的对决中，或者双方实力存在一定差距的比赛中，这种饥饿感还是能够左右结果。

虽然已经赢得7个世界冠军，但刘易斯·汉密尔顿每年开启全新的F1赛季时，还是会集中全部注意力，并且为每场比赛做好准备。他绝对是当今世界上的顶尖车手，而饥饿感还在让他不断进步，这样他才能持续奉上最高水平的表现。在这样一项稍微分神就可能有生命危险的运动中，他改变了自己的饮食结构和身体训练方式，目的就是能够在赛道上有更好的表现，可以更好集中自己的注意力。

我随热火队拿到第一个总冠军之后，一个朋友对我说："伙计，任何人都能拿一个冠军，你得拿两个才行。"当所有理由都已经变成结果的时候，你能否为自己找到新的理由，让自己继续保持饥饿感，这是优秀与伟大的分水岭。

是什么让汤姆·布雷迪继续奋战在球场上？他的理由与詹姆斯·哈登在休赛期不断研究新的投篮方式如出一辙。是什么让热火队拿到总冠军之后，没有停下来享受胜利，而是继续冲击第二个冠军呢？这其实与那些写出经典名著的作家还依旧笔耕不辍的原因相同。是什么让埃隆·马斯克不断开拓新领域，建立新公司？并不是经济上的回报，而是那种变得更出色的欢愉，是想要超越自己最好的表现，是每天都会斗志昂扬进入办公室的心态。

这就是目标感。

像马斯克这样的人，他的目标就是通过科技，让人类能够在地球或其他星球上可持续地生活下去。像布雷迪这样的人，他的目标是成为那项运动中最好的球员，并以这个身份被人们铭记。所有了不起的人，他们都有一个共同点，当一些在同领域中优秀的人停下脚步时，这些真正了不起的人还在继续前行。他们从来不会满足，从来不会止步。

如果你足够幸运，能够与这样的人成为队友，比如我很幸运地曾与勒布朗·詹姆斯并肩战斗，你就会明白，他们有理由骄傲，有理由思考超出比赛范畴的内容，却根本不会这么做。内心的那份饥饿感让他们明白，不能偷懒和走捷径。这样的球员，绝对不会缺席比赛或者训练，因为过去的经验告诉他们，一切都会在比赛中呈现出来。所以，哪怕内心抗拒，他们还会在训练中扮演领袖角色。他们的饥饿感，帮助他们度过艰难的时光，让他们对每场比赛都心怀敬意。我曾亲眼看着詹姆斯带着这样的饥饿感打每一场比赛，参加每一次训练。

当然，我从小看着乔丹的比赛长大，他也在做着同样的事情。和布雷迪一样，他在正式退役前，完全可以戴着自己的桂冠，轻松惬意地休息。在20世纪90年代的任何一个晚上，他都可以说："我是迈克尔·乔丹，大家都知晓我的能力，所以今晚我要放松一下。"不过，他从未这么做，哪怕带着怨恨打球，他也让自己每个晚上都足够努力。那些拥有"乔丹级别天赋"但没有"乔丹级别饥饿感"的球员，可能也会拿到一个总冠军，但只有将两者结合，才能赢得六个总冠军。

如果你找到了一种方式开发自己在饥饿感方面的天赋，如果你恰好拥有能够在身后推着你前进的队友和教练，你很快就会发现，饥饿感已经成了你生命中的一部分。就仿佛一个正向的循环——你在这方面投入越多的精力，你反而变得越来越饥饿；你越努力训练和工作，你会感到越来越饥饿；你取得越多的成功，饥饿感的程度就会越高。

不过，在这个过程中，你也需要找到能够始终让你保持饥饿感的东西，因为这种感觉并不是自然而然就会存在的。我听说，比尔·贝里切克就很擅长此事。在以教练身份带领爱国者队赢得第一个NFL超级碗冠军之后，贝里切克与全队一起在球场上欢庆胜利。球队的一位球探热泪盈眶，他看到贝里切克后第一句就问："我们现在要做什么？"没想到贝里切克看着他回答说："赢得更多冠军。"

光是想想，就觉得这是一件艰难的事，毕竟这么多年来，贝里切克一直都在激励自己和团队不断前进，但不得不说，他一直都非常擅长寻找那些轻视自己的言论。比如，媒体说他们不行了，他立马告知全队，并对球员们说："下周的比赛，你们就眼睁睁看着对手在我们的主场轻易取胜吗？"这其实就是冠军的思维，一旦你不这么思考问题了，也就不再是冠军了。

我记得在高中时代，有一次去打锦标赛时，我就把目标设定为赢下MVP奖杯。我把目标锁定在MVP，然后在训练中几乎把自己往死折磨。当时，我真的对MVP充满渴望，最终，当我如愿以偿时，你可以想象那是什么滋味。可是，当比赛结束离开球场时，我遇到了南橡木悬崖高中的球员，我们在锦标赛里没交过手，而他们还是跟我说："哟，为什么你不把这个奖杯给应该得到的其他人呢？"

不得不说，那种感觉非常不好，不过现在回头看看，这也是他们能够给我的最好的礼物了。因为他们激励我没有因成功而沾沾自喜，而是立马回到训练馆苦练了。他们就像按下了重启键，让我从零开始。当时，我的目标就是，第二年继续参加比赛，然后击败他们，让他们闭嘴。后来，我真的做到了，在我高中最后一年，我们以40分的优势战胜了他们，进入了四强。毫不夸张地说，我们把他们打翻在地。

像这种小事就能给你能量，饥饿感在我身上延续了数年，我从来没有忘记，每一个点滴我都记得。

很长一段时间里，我的饥饿感来源，就是我梦想成为职业球员，这种饥饿感陪伴我从高中进入大学，又从大学进入职业联盟。当这种饥饿感被满足后，我又开始寻找新的挑战，这些挑战带来的饥饿感，陪伴我从多伦多到迈阿密，也帮我度过了伤病等逆境。这种感觉就像厉害的大厨，他们可能每晚都在烹制同样的菜品，甚至重复了上千次，但每一次再烹制时，他们都希望能够比前一次有所提高，让菜品尝起来味道更好。他们保持了这种饥饿感，而他们努力的成果超过了美食本身。

企业家也是如此。我记得迈克尔·刘易斯曾说过，他一直都在追寻"新的新东西"，在我看来，这种表达如此美妙。他们想知道在山峰的背后是什么，而完成目标后，他们又想知道另外一座山峰背后的景色。你也必须做到这一点，除非你的目标就是成为普通人，只想早点停下脚步。

同时，别忘了，在历史上还有很多关于贪得无厌的寓言故事。你肯定不希望自己超过了那个界限，也肯定不希望胜利的快乐，变成索然无味。

生命的车轮滚滚向前，虽然饥饿感能够让你将"还可以"变成"超级棒"，但也要注意，不要让饥饿感失控。稍有不慎，你就可能被其反噬。比如，沉迷在结束许久的比赛里不能自拔，比如，用过去的错误不断惩罚今天的自己，再比如，当需要时间进行恢复和休息的时候依旧拿身体健康冒险。我见过很多有天赋但没有饥饿感的球员最终荒废了自己，我也见过很多拥有足够饥饿感但却将其用错了方向的球员。这种球员渴望个人数据而非胜利，他们更想让自己得到满足，而不是追求团队的胜利，他们对金钱充满饥饿感而并不追求比赛的乐趣。

在这封信里，我谈论了很多关于饥饿感的话题，但有一点要记住，对什么东西保持饥饿感也同样重要。这也是为什么让自己保持动力，让队友和教练鼓舞自己会带来如此大的不同。我曾和詹姆斯聊过这个话题，他说自己的饥饿感，与他对篮球的爱以及尊重紧紧联系在一起。等将来的一天，当他决定退役的时候，我敢肯定他会感觉非常难过，但我也相信他能够很快走出来。因为他将自己的饥饿感寄托在正确的事情上，也因为他对篮球的重视程度超过了每个人。

克里斯·波什

第四封信：**培养心智**

我认为你将来肯定没问题，原因之一就是你正在读我的书，或者，再具体一点，就是你已经读到了这里。

我们已经聊了这么多，到目前为止，我们并没有花时间讨论如何持球突破，或者如何在抢篮板时选位这种话题，我也没有介绍自己最喜欢的力量训练方法。

因为这本书不是讲上述内容的。

对一些运动员而言，没有上述内容就意味着"无趣"。

其实，我从很多教练那里也听到了类似的表达。阅读？在阅读上多花费几分钟，就意味着你少了时间看比赛录像，或者少了时间在体育馆训练，又或者少了时间多罚一百个球。这些教练总是会用一种很骄傲的语气说："我已经好多年没有读过书了。"

我记得刚刚加盟热火队的时候，斯波尔斯特拉教练对我进行了深入了解，得知我是热爱阅读的人，所以，他给我买了一本书，一本他认为我会喜欢的书。不只是我，他会为很多球员做这样的事情。当时，他送给我的书是马尔科姆·格拉德威尔《异类》（*Outliers：The Story of Success*）。当斯波尔斯特拉把书递给我时，我真的非常受触动。有意思的是，我必须告诉他我已经读过这本书，而且我非常喜欢这本书。

他听到我的这番话，对我露出了一种"你好像长了两个头"的表情。

因为斯波尔斯特拉多年来一直保持为球员送书的习惯，但像我这种情况却是第一次发生。

所以，我对于你还在坚持阅读这件事，真的感到很高兴。在漫长人生的起步阶段，你愿意投入精力打磨自己精神和意志，这让我很高兴。你要努力成为更好的思考者，成为更好的人。诚然，看比赛录像、进行力量训练和罚球练习很重要，但是，如果忽视了两个耳朵中间的那个身体部位，那你永远觉得自己在比赛中有个巨大的空洞。无论你从事什么运动项目，都是如此。原因就是，那个身体部位是你研究比赛战术和录像需要用到的。

我的祖父"杰克老爹"经常会说一句话："要好好利用你两个耳朵之间的那部分，如果你自己不用，其他人更用不着。"你可能是场上最高大、最凶狠、速度最快、求胜欲最高的那个人，但如果你记不住如何在防守端轮转，不了解对手无球移动的跑位，你在场上就会成为对手的活靶子。

说实话，这本书卖出去一本我就能挣到一些钱，不过，我并不是很在意这个收入（如果我将赚钱视为写作的动力，无疑是个很糟糕的"初心"，对吧）。所以，无论有人送你这本书，还是你从图书馆、朋友借阅，又或者你在网站上听有声书版本，我都会很高兴。

我高兴的原因，就是你正在阅读，你选择了阅读。

世界上存在一些愚蠢的刻板印象，可能从父母那一代人开始，大

第四封信：培养心智

家就都觉得运动员们四肢发达，头脑简单。有很糊涂的运动员吗？当然有。不过，在我接触的运动员里，特别是那些杰出的运动员，他们可不仅仅拥有出众的身体素质。能够成为顶尖的运动员，你的心智和思维也必须达到顶尖水准。

比如，NFL绿湾包装工队的明星四分卫阿隆·罗杰斯，他最知名的特点就是能够回忆起场上的任何一次战术配合、进攻前线的保护，以及外接手的临场决定，即使是五六年前的比赛，他也依旧能够复述出来。更疯狂的是，他也记得外接手或进攻前线应该打出怎样的战术，而对手防守组对他的冲击和压迫，以及在这种情况下他个人的备选方案，他也全部记得。很多媒体记者曾拿这些问题考验他，结果却让每个人都惊掉了下巴。类似的情况在NBA也有，詹姆斯就会在赛后新闻发布会展现自己的"图像记忆"能力，他可以完整复述自己在场上出现的每一次失误，包括谁在防守他，以及他如何失误的细节，他都能讲出来。

说实话，如果还有人觉得罗杰斯或者詹姆斯头脑简单，这种想法才更让人感到吃惊。他们能够在不到半秒时间里读出对手的防守意图，预判对手之后的行动，然后通过自己的方式去破解。没有超强的脑力，能做到这些吗？

再举个例子，在我成长过程当中，葛瑞格·麦达克斯是棒球联盟最具统治力的投手。如果看过他的比赛，你就会发现在他的巅峰时期，对手几乎都碰不到他投出的球。如果只看外表，你会觉得这个家伙可能就是个会计，或者中学老师。他没有兰迪·约翰逊或者罗杰·克莱门斯优秀的身体条件，他在场上投出的快速球也只有不到150千米/小时的速度，在职业球员里并不算顶级水准。但是，当职业生涯结束时，他将对手三振出局的数量，以及他拿到的胜投场次数，都进入了联盟历史前十位。而且，他的职业生涯正是美国职棒大联盟本垒打爆发的时代。而他能够取得这样的成绩，靠的就是智力和精神层面的优势。

具体来说，麦达克斯了解每个击球员的优势和弱点，他记得对手上次面对他打出安打时的情况，甚至每一个投球他都记得。就像国际象棋大师，他会在比赛正式开始前在脑海里模拟与每一个击球员的对决。凭借出色的专注力、良好的比赛准备及对局面的理解，他依靠自己的脑力，解决了80%出现在他面前的对手，甚至在对手进入打击区之前，麦达克斯就已经赢了。

这种堪比绝地武士的精神力，此前就有很多相关的报道。比如，2004年《体育画报》就有过一篇关于麦达克斯的文章写道："在一场亚特兰大勇士队与洛杉矶道奇队的比赛中，轮到道奇队三垒手何塞·埃尔南德斯上场打击，坐在勇士队休息区的麦达克斯突然大喊道：'大家都小心，一垒教练可能要进医院了。'话音刚落，埃尔南德斯将投过来的球打成了一垒沿线的飞球，正中道奇队一垒教练的胸口。"能够对比赛局面做出如此准确的预测，你必须清楚投手会投出怎样的球，而击球员又会做出怎样的反应，以及最终产生怎样的结果。你必须将自己的理解提升到直觉的程度，才能有这样的表现。

而我，就想让你将自己的思维提升到如此程度。

好消息是，你正在一条朝着目标前进的正确道路上。在此，我要提到NFL运动员理查德·谢尔曼，我非常喜欢他讲述自己在斯坦福大学经历的演讲。在他的演讲中，你能够了解很多在电视上看不到的大学生运动员生活的一面。美国各级NCAA的大学生运动员，都不能在读书期间通过参加比赛来得到报酬。NCAA的解释是，大学生运动员在入学时已经获得了学校的奖学金。而谢尔曼给出了另一个角度的解释，他认为NCAA没有提及一点，那就是在教育和运动之间寻找平衡点是多么困难的事情。

他在演讲中说：

第四封信：培养心智

"我很希望做一个试验，在体育赛季进行中，将大学生运动员的日程安排表给普通学生，看看这位普通学生在一个正常的学期，或者四分之一时间里，如何平衡学业和体育。我想看看你在每天下午两点到六点被占满的情况下，如何安排自己的课程。我还想看看在早上七点半就要起来训练的情况下，你如何在一天内完成其他学业。我还想看看，当你在结束训练、身体极度疲惫的情况下，如何继续像其他人一样努力学习，完成所有作业，或是准备第二天的考试。

"你需要很早起床，因为力量训练安排在这个时段。练完力量你要去上课，课后你或许只能简单地扒两口饭，就去球队开准备会，会议之后就是训练。等训练结束，你需要努力回顾一天的课程，完成课后作业。"

你能够成为这样的大学生运动员，就算你现在已经毕业了，这也必须是你努力的目标。变聪明不是一蹴而就的事情，就好像你不可能一下子就变得非常强壮。理查德·谢尔曼投入了很多精力，同时训练自己的头脑和身体，这也是你应该做到的。

我见过很多年轻运动员忽视自己的学业，原因仅仅是他们很自信，认为自己成为职业运动员后就能赚足够多的金钱。每当见到这种情况，我的感觉就仿佛他们拿着枪对着自己的脚狠狠来了一下。当然，篮球冠军不是靠数学考试决出的，但是，很多在赛场上取得的成功，却是依靠头脑的能力，比如，头脑的敏锐度、记忆能力、创造力、精神层面的韧性、时刻做好准备的能力，等等。而且还别说，有时候你真的需要具备一些数学思维能力。

比如凯文·勒夫，当他收下防守篮板后，能传出那种非常疯狂、纵贯全场的传球。他的这种传球，往往角度非常完美，恰好能够送到快下的队友手中，让队友直接完成进攻，而追防的对手又恰好碰不到球。橄榄球赛场上，四分卫也有同样的深远传球；台球赛场上，借撞击库边完成的翻袋进球需要这样的能力；足球赛场上，球员在罚角球的时候也需要这样的能力；还有冰球赛场，很多运动员会借用场地挡板完成反弹传球，他们也需要这种能力。这就是"数学"的能力。

所以，无论何时，当有人跟我说，进行思维训练会让人分心，无法专注提升比赛能力，我认为他们真的是完全搞错方向了。绝大部分比赛日，我都会确保在登场比赛前有时间阅读。我发现，只有在确保思路清晰且思想敏锐的情况下，我才能发挥最好的竞技水平。这也就意味着，我在训练自己身体的同时，也在训练自己的头脑。

鉴于你正在阅读这本书，所以我认为你也意识到了这一点。当然，你不必通过读这本书来训练自己的脑力，只要你决定多花一些时间来掌控自己的思维，而不是打游戏或者刷社交媒体。有人会说，读书和严肃思考不是运动员该做的事情，这种话千万别听。不管是运动生涯，还是往后的长远人生，这些恰恰是你取得成功的关键。除非发生严重的变故，否则凡事的发展你都能摸到规律。如果此时你对自己的心智进行了细致培养，那你在今后的人生道路上将迎来丰厚的奖励。否则，等待你的就是恼人的跋涉了。

所以，好好培养你的心智吧。如果你想了解"培养"（Cultivate）这个词的来源，我可以告诉你，它源自拉丁语，本意是"成长、发展"，比如培育一个花园，或者是一片农田。培养不是一蹴而就的，而是一个漫长、耐心、循序渐进的过程。你必须播下种子，也就是学习基础知识，清楚自己对从事运动热爱的根源。然后，你必须浇灌种子，也就是每天去做自己热爱的事业，投入足够多的时间，并熟练掌握。做到这些后，你就能够收获果实了，这就是对你辛苦付出的回报。如果你把这个方法用在"培养心智"上，那你获得的奖励，就是变成一个有趣的人。

第四封信：培养心智

不仅别人会觉得你有趣，你自己也会这样认为。很多人的脑子里只有对熟悉事物的基本常识，而你会超越他们。

你会在平时观看比赛录像吗？如果你这么做，那很好，但也远远不够。人类大脑的可塑性其实非常强，你在大脑某一区域磨炼出来的能力，也可以传递到其他区域。所以，如果你花一下午的时间阅读一本书，或者参观博物馆，或者听一场音乐会，又或者按照新菜谱学做一道菜，这其实都没有让你荒废训练。这些能够转化成创造力、耐心以及专注度，帮助你提升运动场表现，我向你保证，你一定能够有所收获。

你的大脑虽然不是肌肉，但它的运转方式却非常像肌肉，以至于运动员一下子就能理解其原理。每当你推动着它超过极限，它都会产生"疼痛感"。你在塑造肌肉过程中感受到的挣扎感，在构筑大脑时也一样存在。而等你恢复过来，再去思考难以理解的想法和理念时，你会吃惊自己为何如此轻松地就把这些掌握了。不过，在此后的几天，如果你懈怠了，你的大脑就会衰退。所以，你的大脑要么不断变强，要么不断变弱——每天都是如此，就跟肌肉一样。

以我的经验来看，想要更好地将思想训练的成果转化到赛场上，最佳的方式就是将其变得可视化。当年，我读书时，我就会将自己读到的故事以及故事里的人物在脑海中想象出来。我可以看到哈利·波特与朋友们去霍格沃茨学魔法的场景，我也非常喜欢《了不起的盖茨比》里绿色灯光照射水面的一幕。在此过程中，我发现我越练习，在重现球场上的场景时就越得心应手。无论是回想比赛中某个关键回合，还是预测之后可能发生的情况，都是如此。我的大脑里并没有额外划分出一个单独的"篮球可视化"区域，它们是一个整体。所以，我在教室里提升的能力越多，在球场上获得的帮助也越大。

在美国，大学生运动员的确面临很多难题，但我依旧认为体教结合是个很明智的想法。在欧洲就不能这么做，你要么选择从事职业体育，要么就去上学，并没有真正可以结合两者的方式。在我看来，他们应该进行反思。的确，通过这种方式能获得一大批从小就心无旁骛、只关心场上表现的运动员，但这也让很多人错过了接受大学教育的机会。如果进入大学，这些运动员可以更好地理解体育领域甚至整个社会的结构，他们能够更好为自己发声，能够成为在赛场外都具有影响力的人。当然，从欧洲体育系统里走出的运动员也能做到这些，但身处另一种体制下的我们，可以更好地利用思想上的力量，成为同时培养自己身体和大脑的运动员。

而且，如果你只想单独"培养"身体，或者单独"培养"头脑，这反而是一个全新且没有经过验证的构想。绝大部分的人类历史中，我们一直都坚信大脑与身体其实是一回事，没办法在完全忽略一方的前提下，单独开发另一方的功能。有一句拉丁文短语"Mens sana in corpore sano"，意思是"健全的心智寓于健全的身体"。这种观点已经延续了上千年，古时候，一个真正意义上受过教育的人，不仅要知晓数学、诗歌、音乐等学科，同时还要学习摔跤、投掷和竞走等运动项目。

我见过一些运动员，他们认为在冲击运动巅峰的同时，需要将思想和头脑都抛在身后。他们认为无须用塑造身体的方式，去锻炼可视化技巧、记忆力和创造力。看到这种运动员时，我觉得他们在拿自己的前途开玩笑。尤其是当今这个时代，数据分析已经完全融入了各项运动。如果你看过扬尼斯·阿德托昆博的比赛，你就能明白我的意思。他的每个进球，要么来自三秒区内的出手，要么就是在篮筐下直接完成。这不是他的怪癖，而是数据告诉他这么做（如今，联盟中的每个人都知道如何利用数据分析），他的出手都是最有效率的方式，也会提高命中率。他真的是非常聪明的球员，很快就理解了这一点。

还记得我前面曾经说过，体育比赛并不是由数学考试的成绩决定胜负。这个结论可能很快就要变得不再那么正确了。扬尼斯对于数据的理解，意味着他不再仅仅将比赛视为单纯身体对抗，他改变着篮球运动。而且在过去几年中，不只是扬尼斯，联盟中无数的运动员和总经理也参与其中。他们对于胜利的渴望，让他们在尽力寻找各种可能性实现进步和提高。

如果你了解NBA球员在训练馆会议室里交流的内容，一定会非常吃惊。在很多人的印象中，球员的训练可能就是举各种重量的哑铃，然后坐在冰浴桶里冰敷。其实，远不止如此，比如詹姆斯·哈登在火箭效力时，与球队管理层的交流很多都围绕数据分析展开的。有一个赛季，他们将球队目标设定为平均每个进攻回合拿到1.16分，这让火箭队成为NBA历史上进攻效率最高的队伍。球队是否能够朝着这个目标正确前进，他们必须清楚场上球员的投篮出手点在哪里，只有这样，才能分辨出哪种进攻手段更可能制造对手犯规，而哪种进攻手段纯粹是浪费机会。

在NBA的旧时代，如果在中距离被放空，那你一定要把握住机会。而如今，数据分析思维占据主导的潮流中，中距离投篮却成为最糟糕的投篮选择，因为中距离投篮的命中率并不一定比三分球高出很多，而且中距离投篮的分值还低一分。将这种差别拓展到一场比赛，再拓展到一个赛季里，那就可能是季后赛球队与选秀乐透签球队的差距了。如今，这样的数据分析，几乎在每支球队的训练馆中都在上演。如果你不能跟上潮流，教练可能就会找能做到这一点的球员来取代你了。

好好思考一下吧。过去几十年的时间，篮球本质上并没有变化——就是找到空位，在空位出手。直到最智慧的头脑，发现篮球并没有那么简单。他们用更具创造力的思考，让篮球发生了革命性变化。于是，我们才能在赛场上见到利拉德、斯蒂芬·库里、凯文·杜兰特这样的球员，才会有越来越多的球员开始钻研篮球，而非仅仅靠蛮力与其他人抗衡。

我的职业生涯在数据分析革命真正开始前就结束了，不过，我还是打心底赞同这种形式，我真的认为篮球不仅仅是靠双腿在比赛，更是要靠脑子。我有这种想法的部分原因，是因为我一直都热爱阅读，总是学习与篮球没有直接关系的内容。更重要的原因，还是来自队友们的影响。

聊到这一点，我的脑海中一下子就浮现出肖恩·巴蒂尔的身影。我想不到其他人能在心智层面上做出比巴蒂尔更细致的准备工作，我也经常模仿他的一些行为。他的准备工作并不只是整个赛季都追踪个人数据，他还会仔细研究其他球队在攻防两端的变化趋势，如此一来，我们就能做好更细致的准备。这种研究可以模拟48分钟比赛可能出现的情况，我们能够提前预想可能出现的紧急情况，然后思考对策。

比如，巴蒂尔会预设：如果马刺队在落后三分的时候发边线球，此时比赛只剩最后30秒，他们计划进攻两次，那边线球发出来他们最有可能跑出的战术，而我们如此应对。再比如，如果我们使用小个阵容，面对对方中锋时，我们拥有速度优势，这也就意味着我可以跑到外线去投底角三分球。巴蒂尔会认真钻研一切，而我只是看他思考的样子就觉得津津有味。

这其实已经超越了比赛的策略层面，而你必须在比赛正式开打前预见自己在赛场上的一切。你必须在脑海中看到球队进攻不中时自己退防的样子，你必须在真正听到观众制造的噪声及对手喷出的垃圾话前想象出它的内容，你还必须预见比赛第四节到来时你的身体所有可能出现的疼痛。

当然，真正将这些都在大脑中过了一遍后，你会发现能让你措手不及的事情变得少之又少。毕竟，你用某种方式将这些提前经历了一遍。这种心智上的强悍，并不是你是否拥有它，而是要像锻炼肌肉那样培养它。培养的方式，就是以最平静的心态思考最糟糕的局面，然后做出最精准的回应。所以，你培养的并不是一种强硬的态度，而是一种信赖的关系。你信赖自己的技术，信赖自己的准备工作，信赖自己的跳投出手。即便对方打出了一波攻势，你也相信自己做好了应对的准备。你还会信赖队友，如此一来，即使形势危急，你也不会花时间思考是否信赖站在身边的那几个人，你会直接行动起来。

像肖恩·巴蒂尔这样的人，一直鼓舞我，推动我不断前进，不仅仅继续深入钻研篮球比赛，同时朝更多层面扩展自己的思维。就这样，我在某一年的休赛期自学了写代码，另一个休赛期，我报了学吉他的课程。甚至涉足时尚领域也成为我的计划，它可以让我扩展自己对于世界的创造性理解。就算在打篮球时，我也经常认为自己不仅仅是篮球运动员。而我的小算盘其实是，认为自己身份超过篮球运动员的念头，反过来激励自己在篮球方面取得更大的进步。因为这为我提供宣泄沮丧情绪的通道，也让我有了可以与队友畅谈的话题，更是给了我一个远离麻烦和纷扰的业余爱好。每次打季后赛，我还会自己做晚饭，这让我的思绪可以从媒体报道或者比赛中抽离出来，可以让我把更多的注意力集中在自己手头的任务上。

从小到大，你肯定在电视上看到了很多心目中的英雄，他们仿佛从来没有质疑自己或动摇信念，那是因为你从外部观察他们。等你尝试追随他们的脚步时才会发现，如果不能直面自我怀疑，就无法取得成功。虽然不是值得骄傲的事情，但我还得承认，在中学时，我也会在表现糟糕的比赛之后出现情绪崩溃的情况。我会被垃圾话影响，也会失眠，情况明显到队友们第二天都会询问我是不是一切都好。

但是，经过了这么多年，我的意志越来越坚韧。我在场外的兴趣爱好并没有让我偏离轨道，反而让我变得越来越强硬。每当我在球场上质疑自己，每当我有类似"如果我让队友失望了怎么办"，或者"如果我在球迷面前出糗了怎么办"，比赛外的生活就会提醒我，外面还有更大的世界。这也会帮助我克服忧虑的情绪，让我换个角度看待问题。

当然，这并不是完美的解决方法。在过去这么多年里，我一直都在训练自己不要被垃圾话影响，而是始终埋头前进，用自己的比赛表现回应。但也有例外，那是我效力猛龙队时期，对阵凯尔特人队的比赛，当时，正是"三巨头"气势正盛的时代。我在场上对位凯文·加内特（昵称：KG），而KG就非常喜欢将情绪调动起来，对着对手喷垃圾话。那场比赛，不知为何，我被他影响了，以至于我们一直保持着高强度的对抗，而且延续了整场比赛。KG是一个并不害怕这种局面的人，可我不是这种球员。所以，那场比赛，他在心理层面上占据了很大的优势。结果毫不意外，我被他完全压制了。

幸运的是，这样的夜晚只是特例。我之所以能够有这样的精神强度，是因为我一直都在培养自己的心智，就像我磨炼自己的跳投技术一样。

就像我前面所提到的，在比赛局面发展前做出预测，这是训练自己精神强度的重要部分。不过，无论你从事的运动是什么，有时候，你在精神强度上获得最大补充的源泉，往往在赛场之外。温斯顿·丘吉尔，可能是意志最强悍的人。在战争间隙，他一直在绘画，甚至还写过一本关于绘画的书。我个人认为，他之所以热爱绘画，并不是想成为"全面发展"的人。而是在现实中面对生死存亡的局面后，他需要换另一个角度，通过往后退一步的方式让自己平静下来。

你们应该能够从字里行间读出，我支持学习自己圈子以外的知识。

第四封信：培养心智

所以，我觉得达米安·利拉德推出说唱专辑非常棒，我也觉得NFL进攻内锋约翰·乌舍尔很棒，他在打橄榄球的同时，还在麻省理工学院攻读数学博士学位。另外，NFL截锋斯蒂夫·麦克兰登，他从大学开始就学习芭蕾舞。这样一位每周都在赛场上与大块头对抗的人，却说芭蕾舞是"最难的一项"。也正是芭蕾舞，让他具备了更好的身体柔韧性和控制力，这些都在赛场上给了他更大的帮助。

麦克兰登不是个例，在20世纪80年代，NFL跑锋赫歇尔·沃克也在打球的同时学习芭蕾舞。拳击手埃文德·霍利菲尔德也通过芭蕾舞进行身体训练。还有NHL守门员雷·艾米瑞，他说跳芭蕾舞帮助自己从严重的臀部伤势中恢复了。不只是运动员，第一位进入太空的非洲裔女性梅·杰米森，她也一直在学习和练习跳舞。

事实上，我认为大部分成功运动员都从"跳出专业领域"这个理念中获益匪浅。坎迪斯·帕克曾对《砍柴挑水》（*Chop Wood, Carry Water*）的书称赞有加，因为这本书帮助她提高了精神意志。汤姆·布雷迪则非常喜欢读《心理制胜》（*The Inner Game of Tennis*），很显然这本书与橄榄球一点关系都没有。而我本人，则从关于古代哲学、武术、科学、心理学以及其他学科的书籍中获得了运动方面的帮助。

所以，我才会对培养心智能提升运动表现深信不疑，或者扩大一些范围，无论你在追求什么，培养心智都能让你更上一层楼。在体育领域，这能让你超越运动员的身份。卡梅隆·安东尼在场外社会问题上已经成为意见领袖，他早就在准备离开篮球之后的人生，这一切都是因为他不是把所有的精力都投入练习跳投上。

对很多人来说，培养心智可能只在人生中很短的时光里发挥很重要的作用，那就是你努力想提高运动表现的阶段。不过，就像我说的，如果你足够幸运，在结束运动生涯后，你还有下一篇章，而且是很漫长的篇章。在此过程中，最重要的就是你是否通过学习、兴趣爱好及激情，积累足够的思维深度，而且你也需要不断开发出新的激情，这样你才能在离开熟悉的领域后不会空虚。

所以，培养心智是非常重要的。有些运动员，他们在退役之后还能保持着富有且有意义的生活。而有些运动员，他们结束运动生涯后，生活就会直线下降。这两种运动员之间最大的差别，就是在培养自己心智上的努力程度。

无论你在体育项目中达到多高的位置，你肯定不希望老了之后，除了最辉煌的那段岁月，再没有值得回忆和谈论的。你肯定希望自己成为一个活到老学到老的人。所以，你必须从现在就开始这么做了。

克里斯·波什

第五封信：**善于沟通**

　　红色时段、中锋、投篮命中、区域防守、盖帽、三秒区、弱侧、强侧、低位……

　　在脱离语境的情况下，对绝大多数的人来说，上面这些词可能不会有特殊的含义。不过，如果篮球对你来说就像生命和呼吸一般，这些词或许就是你的第二语言。如果在正确的时机说出几个词，就会打开一个全新的世界，唤醒了训练成千上万次产生的肌肉记忆。有时候，这些词背后的手势动作在恰当时机由球员传达给某一位在场上已经筋疲力尽的球员，也可能会就此拯救一场比赛，甚至一支球队的整个赛季。

　　当然，每项运动都有自己的独有语言。每支队伍，都有自己的暗语，队友都可以理解其含义，但在外人听来可能就是毫无意义的词汇。运动员使用的有固定含义的词汇，在别的语境下听起来令人摸不着头脑。比如"纽扣"，你每天穿衣服肯定会明白它的意思，但是，当冰壶运动员用冰壶刷一边刷冰面，一边高喊"纽扣"的时候，你还能明白其中的意思吗？所以，想要在一项运动中达到更高级别，那就要学习这项运动的语言。

这么说是有道理的，赛场上每一秒都至关重要，你身边那些体重超过100千克的对手都极度渴望胜利，也在全力以赴。在这种情况下，你还需要与队友们保持统一步调，需要在最短时间内传递尽可能多的信息。一位技艺娴熟的运动员，能够运用最恰当的词汇，让队友知道接下来采取什么战术，了解每个人的跑位，知道面对怎样的防守，预判比赛的趋势。这些恰当的词汇可以提醒队友不要重复犯错，在混乱和嘈杂中为队伍指明方向。

如果你仔细听那些杰出控卫的交流，如克里斯·保罗或者卢卡·东契奇。他们就像机场塔台里的航空交通管理员一样，没有丝毫的废话，用最有效率的方式协调着高速运动的目标。他们的表现如同治疗师一般，让人平静和放心，给人指引和启迪。

当比赛开始，当你累得挪不动屁股，当四周的观众如身处罗马斗兽场般咆哮，你会觉得自己仿佛命悬一线。此时，沟通就变成一条生命线。这会让五个各自为战的运动员变成一支队伍，变成能够在最艰难时光里彼此支持的团队。

想象一下，你身处一个所有人都在高速移动的环境中，正在一对一防守安东尼·戴维斯，眼看他准备上前为丹尼·格林做掩护，同时，德怀特·霍华德在另外一侧为勒布朗·詹姆斯做了掩护。

"掩护在右侧！掩护在右侧！注意有掩护！"

简单的几个字就是在给你传递信息，不到一秒之后，你就要全速撞到一面"肌肉墙壁"上，所以你最好立马想好对策。

如果队友看到了这一幕，及时通知你，你就能避免遭遇很多伤痛，同时也可能挽救一个防守回合。如果队友无视了这一幕，没有及时告诉你，好吧，等下个暂停回到板凳席时，你就算痛骂他，我也不会怪你。

第五封信：善于沟通

假设一下，队友及时向你发出了警告，而你也顺利挤过了掩护。现在，24秒进攻计时器上只剩下14秒。在刚刚那个战术跑完后，安东尼·戴维斯又全速冲到了罚球弧顶，为拉让·朗多做了一个高位挡拆，然后，戴维斯"拆开"并顺势朝三秒区内空切，接传球轻松得分。如果你想阻止这种情况发生，你可以在他们挡拆时换防，本来防守朗多的队友就出现在戴维斯的面前。不过，防守球员可能比戴维斯矮小很多，这意味着戴维斯可以利用错位压到低位很深的位置，除非你们球队其他大个子球员轮转过来协防。

所有这些思考，对局面的预判和反应都必须在几秒内完成，而且是在全速奔跑的过程中完成。有些情况可以通过训练形成条件反射，但还有些情况需要通过瞬时的思考和沟通找到解决方案。不管你多么聪明，视野多么宽广，球场上瞬间发生的一切还是超过了一个人能够观察和处理的范围。所以，你需要五双眼睛同时观察局势，你们还必须用快速、准确、易理解的方式进行沟通，最后一点尤为重要，因为你们在两万名不断嘶吼的球迷面前完成沟通。你必须让自己成为一个能够随时调整形态的有机体的一部分，这就是所谓的沟通。

现在，你平均每场比赛需要重复这个过程200次以上。在一场NBA比赛中，每支NBA球队至少发起100次进攻回合，也就是说，你必须在进攻端经历我所描述的这种场面100次，然后防守端再来100次。别忘了，还要加上暂停后的进攻配合，对方罚球不中后的快攻配合，还有教练在中场休息时调整战术新增加的配合——教练组会在下半场进行中不断朝你喊叫，而你要做出迅速的反应。

这种情况下，高效且有效地完成沟通的队伍才能占据上风。而做不到这一点的队伍则看起来非常呆滞，只能困惑地大眼瞪小眼。这些场面会被剪辑成防守崩溃集锦播放在大屏幕上，而在记分牌上，他们送给对手的分数也会被完全记录下来。

很多时候，结果可能非常直观，哪怕你无法准确指出其背后的原因。所以会有很多诸如以下问题被提出——"对方最好的射手在底角怎么被完全放空""中锋怎么就获得了轻松扣篮的机会""那个家伙怎么在中圈附近就被对手的一个掩护放倒在地了"。

类似的情况出现时，十有八九都是因为沟通的欠缺。

我现在与你们聊的话题，不过是某场比赛中的某个回合，但是，在真正的比赛中，考验出现在每一个回合中。而且，当你回到现实生活时，情况也是如此。

不管是现实生活，还是场上的领导力，核心都是沟通。当重要程度达到最高级别时，沟通依旧是一切的根本。

历史上可以找到很好的例子：希特勒横行欧洲大陆时，温斯顿·丘吉尔掌控了英国大权。是的，他有应对的计划，他拥有当时世界上最好的海军，他依靠英国以及即将参战的美国。不过，如果没有沟通的话，这些都不会有太大的意义。如果没有他在下议院的那段演讲，如果这段演讲没有通过广播传播，如果他那些优美、振奋人心的话语没有被听到，如果他没有将一个陷入挣扎的国家所具备的伟大和勇气表现出来，那后面的一切都不会发生。

他是这么说的：

"敌人必将所有的残暴转向我们，希特勒明白，他必须在英伦三岛上击败我们，否则他就会输掉战争。如果我们可以抵挡住他，整个欧洲都会迎来自由，而全世界所有人的生活也能朝着更为广阔和阳光灿烂的方向前进。

"但是，如果我们失败了，那整个世界，包括美国，包括我们知晓和珍惜的事物，都会陷入新的黑暗时代。由于那些被扭曲的现代科学，

第五封信：善于沟通

黑暗时代将变得更险恶，更加旷日持久。

"让我们振奋精神，勇敢地承担起责任吧。如果英国以及英联邦可以延续，那时的人们会由衷地说一句：'这是他们最光辉的时刻。'"

如果这样的演讲都不足以让你为了成功而付出努力的话，那别的话也不会对你产生作用了。在英语的语言环境里，这可能是一位领导人在沟通方面的最佳范例。

我不是把篮球与战争相提并论。前者说到底是一项体育比赛，而后者则是生死攸关的战争。不过，在奥林匹克运动刚刚出现的时候，诸如投掷标枪、短跑、摔跤等传统项目，其实都与当时的士兵进行的军事训练相似。这背后有深层次的原因，在史诗《伊利亚特》中，当希腊的英雄们暂时结束战争，并获得短暂的休息时，他们就会举行运动竞技比赛。绝大多数时候，一支队伍没有听到令人振奋的话，他们往往很难取得一场战役的胜利，也不会赢下一场关键的比赛。这就是沟通的重要性。

拿破仑在迎敌前都会对自己的部队进行演讲，谈到这样做的意图时，他曾说："人必须与内心对话，这是唯一可以激励其他人的方式。"

从始至终，体育和战争之间就拥有很多共同点：参与其中的人需要与对手对抗，需要与混乱、疲劳和自负对抗，还存在身体受伤的风险。不管是体育还是战争，想要赢得胜利，都需要将个人的杰出表现与团队的通力合作结合起来。

还有，在这两个领域中，都需要有人能够在最恰当的时机说出最恰当的话语。可以是"掩护在右侧"这种直接表达，也可以是"这是他们最光辉的时刻"这种极具感召力的话语。甚至是在队友错失罚球后，送上一个无言的点头或带有安慰意味的击掌，也能发挥同样的效果。

无论以何种形式，一位领袖提前预见了挑战，也很清楚团队需要如何应对，他还明白需要用怎样的话语、哪些代表性的符号或图案让队友们明白自己的位置。而这仅仅是个开始，一位领袖对团队的每个成员都有深入的了解。他应该知道什么样的言语能够激励他们，什么样的词汇会导致团队士气低落。他也要把握激励队友的程度，是给他们鼓劲，还是到了缓解紧张情绪的时刻了。一位领袖在找到恰当的表达之前，在脑子里想好了这一切。

如今，很多的教练和运动员，在滥用体育和战争之间的联系。比如，有些教练就以此当成辱骂球员的理由，他们觉得自己就是巴顿将军，可以随意咒骂一个因错失罚球而导致失利的球员。比如，有些球员也以此为借口，遮掩不正当行为。如果你希望成为勇士，你同时就必须是个混蛋——这仿佛成了一条真理。这种情况的确存在，而绝大部分情况下，那些最有能力的教练和最有天赋的球员，与"混蛋"的形象有着天壤之别。他们非常沉稳，会让成绩替自己说话。当他们与你沟通时，他们努力调动你，而非只是打压。

所以，我并不是让你摒弃体育和战争之间的联系，我想表达的是，在那种极度紧张的环境中，高效与低效沟通之间的差别会即刻显现，而这相当关键。当事态不算紧急时，比如在办公室里开一场没有意义的会议，此时，如果你希望自己的表达听起来很聪明，你可能会说："我们需要深入总结一下，以此优化我们的协作流程。"每个听到你这番话的人都知道这种表达没有意义，但因为环境宽松，所以也就无所谓。但是，一旦事态到了紧要关头，当胜负就在一线之间，到了需要场上另外四个队友全力支持你的时候，沟通就需要准确、直接且正中要害。

在场上能够进行高效沟通，这是我一直以来引以为傲的，尽管我为了做到这一点花费了不少努力。有些人踏上球场就会自然而然地沟通，而我并非如此，所以我必须练习沟通技巧，就像磨炼自己的投篮和体能一样。

正因如此，我才会为自己在职业生涯中不断提升的沟通技巧感到骄傲，而且，我尤其喜欢在防守端与队友沟通。当我加入热火队后，我必须在进攻端做出牺牲，所以，我希望自己在防守端发出光芒。我觉得自己有责任让球队的防守始终保持稳固，而我完成目标的方式就是通过不断与队友沟通，让他们随时了解我所在的位置，以及进攻球员和他们的位置关系。然后，我必须用行动兑现自己的话，我希望通过这种方式赢得队友的信赖，让他们知道我言而有信。在防守端持续的沟通，变成了一种习惯，促进我们真正成为一个团队。我记得曾经有一位教练就说过："如果你不出声，你就没有在防守。"

这句话不就是体现沟通重要性的典型例子吗？如果你没有说话，你就没有防守。

自从我听了这句话，我在每场比赛前都会想起它，我希望你们也能做到这一点。

在我效力的每支球队里，我发现自己与队友沟通得越多，我得到队友的回应也越多。这是一种具有感染性的行为，慢慢也就变成球队的特质。当彼此的沟通完美契合时，那种感觉非常美妙，所以，沟通也成了我在比赛中最喜欢的一部分。你无须拥有超凡的天赋才能成为优秀的沟通者，只要声音够大就行了。

与很多习惯的养成一样，起初，你肯定会感觉有些异样或尴尬。你可能会对自己说："我已经在全力冲刺了，现在我还必须拿出一些力气朝着队友喊叫，关键他们本来也已经知道自己要干什么，应该出现在什么位置，我还有必要这样做吗？"的确，这看起来有点愚蠢，就好像你在做一件事情的同时，还在叙述自己正在做的事情。不过，重复足够多以后，你就会克服这种想法。记住一点，每一位在场上的球员，他们都会接收到一些其他球员所没有的信息。所以，当你分享这些信息时，球队的应对合理性会呈指数级增长，这种做法带来的好处也会呈现在场上——更干脆利落的轮转，更密不透风的防守，逼迫对手24秒违例，造成对手频频失误。如果你觉得朝着队友大喊大叫很怪异，那最终的成功就是帮助你克服这种想法的良方。当你在防守中听到队友喊出对手掩护的位置，而你接收到信息后及时从掩护中挤过，没有给与你对位的防守人以投篮的空位，并且破坏了他的出手，此时，你能体会到没有比这更好的感觉了。

这仅仅是个开始，了解如何沟通，这还是漫长赛季中将球队拧成一股绳的关键，尤其是在经历失败之后。一切进展非常顺利的时候，保持沟通顺畅是件很轻松的事情，你可能也听过这样类似的表达："在胜利的队伍中，每个人都很谈得来。"但是，当一切不那么顺利时，开诚布公地进行交流就会变得更加艰难，但也更加重要。

在经历了一场令人失望的失利之后，最重要的事情就是赶紧搞清楚哪里出了问题，这个过程需要每个人的坦诚，同时也要保持尊重。与此前的预期差距越大，就越需要好好聊聊，这也是扭转局面的一种可靠方式。

你可能会有这种印象，明星球员在遭遇失利后会变得情绪激动，恨不得立刻将队友生吞活剥，大家在更衣室里吵个不停，教练也会痛骂球员，还有人则会将来自队友的指责引向别处。不过，以我的经验，真正优秀的球队不会出现这种情况，只有彻头彻尾的输家才会如此。糟糕的队伍有一个特点就是，遭遇不利局面后，所有人都会闭上嘴巴，谁也不跟谁沟通了。每个人都将自己封闭起来，不再彼此协作，只是在那里自顾自地生气。

这种情况背后的原因很难说清楚，但我觉得这是一种双向作用。糟糕的队伍会将沮丧情绪传递给每个人，而这样的做法导致他们变得更加糟糕，因为他们无法真正了解需要通过什么方式让球队变好。当每个人都惧怕激烈争论时，也就不会有人诚实地表达内心的想法。而当每个人都将自己封闭起来，彼此之间也就失去了沟通。当每个人都充满愤怒的情绪，赛后的交流最终也会演变成混乱的局面，那些真正需要被听到的批评，能够帮助球队提高的建议，自然也就不会出现了。这就再次印证了那条规则：沟通越好，队伍越强。

如今，我越发觉得沟通成为一种失传的艺术。可能因为我退役了，而退役运动员总会说自己过去的时代多么好。这一点，你看看巴克利在电视节目中的表现就能明白了。但我可以发誓，我真的发现如今的球队在防守端的沟通减少了，而这是个很严重的错误。因为所有的球队不仅错过了沟通的机会，也失去了可以压倒对手的优势，这更让他们在面对拥有顶级球员的球队时处于很大的劣势。看看当今这些顶级球员，扬尼斯、斯蒂芬、克莱、哈登、威斯布鲁克、詹姆斯、安东尼·戴维斯、杜兰特和欧文，这些家伙在你状态最好的时候也能连续不断击败你。此时，如果你还不建立起良好的沟通，你将毫无还手之力。

当年在热火队的时候，我们一直在做的事情就是寻找球队在比赛中所具备的优势。在一轮季后赛系列赛开始前，我们会深入研究，同时仔细沟通比赛计划，还有我们的目标，以及实现目标的方式。我们还会模拟对手的反应，演练自己的战术。我们会一起思考，设想在某些特定的情境下，哪些特定的战术能够发挥作用，或者可能没有效果。当你和经验丰富的球员交流后就会发现，教练在球队中的位置和作用并不像学校里的老师那样事无巨细。教练一般会告诉我们他的预期，然后由我们彼此交流。我可能会与肖恩·巴蒂尔谈如何进行防守轮转，肖恩可能找马里奥·查尔莫斯谈挡拆的具体操作，然后马里奥可能会提醒德维恩·韦德如何防守托尼·帕克。总之我们聊得越多，情况就越好。

如果看过那支热火队的比赛，你可能经常看到我们拉着马里奥喋喋不休。对我们来说，这就是球队文化的一部分，而从外界的角度看，我们似乎是在吵架，而大家非常清楚自己在干什么，我们都是好胜心很强的人，也都渴望胜利。球队的所有人中，马里奥绝对是最有激情的球员之一，这就是为什么我们的讨论看起来像吵架。只要他觉得我哪件事做错了，他就会纠正我，然后我也会还嘴，我们就会展开辩论。

辩论本身没有任何问题，但是，这与某些缺乏纪律性的球队输球后不顾后果的吵嚷还是有很大区别。这个区别就是，马里奥和我之间，或者说我与队友之间，是真的希望打造出一个完备的体系，只有如此，我们才可能打出总冠军级别的比赛。所以，我们会通过辩论的方式修正出现的问题，接着就继续前进了。

斯波尔斯特拉教练也会参与进来。我前面提到，我曾经对于自己在进攻体系中的位置很不适应，而斯波尔斯特拉教练用自己的能力帮我解决了问题，让我找到了舒适的位置。为了实现这个目标，他和我很多次交流，在球场上、饭桌旁、办公室里都聊过，他一直都非常有耐心，所以我也很认真地跟他谈。我觉得他为球队创造出了一种团队氛围，在这个氛围中，我无须将自己的不满埋藏在心里，并且假装一切正常。他帮助球队打造了轻松的环境，让我觉得自己可以把实话说出来，而不是憋着，等到压力过大时才被迫释放。我不需要在场上朝队友大喊"嘿，把那个该死的球传给我"，也不需要让沮丧情绪不断堆积和发酵，我可以和教练说出一切，然后找到一个适合我的新位置，在这个位置上，我一样可以为球队冲击总冠军贡献一切。

随着我渐渐成为更加成熟的球员，我发现沟通的责任也越来越多地落在我的肩上。事情本该如此发展，这也是球队希望经验丰富的球员去做的事情。不过，以一个老兵的身份领导球队前进，这并不是让你发现队友在某个回合出错后就没完没了地念叨，而是需要你了解每个队友，同时明白通过什么方式鼓舞和激励他们。当你朝着队友大喊大叫时，有些人会立刻被激活，但有些人则会说："嘿，我不喜欢听到喊叫，这会让我脱离比赛节奏。"这之间的区别，你必须非常清楚。

一位优秀的沟通者，需要明白如何发掘这些区别，也要知道在这些区别出现时如何应对。一位优秀的沟通者会意识到一点，那就是每个队友、每种局面都是独一无二的存在，此前对某个队友很有效果的方式，可能会在不同的局面下对另一个队友造成反噬。前面我们聊到培养心智的重要性，在这个过程中，你也需要学着如何更好地洞悉他人的内心。不仅要成为理解队友个性的人，更要成为在充分观察之后能够随意切换模式的人。当你做了足够多的练习后，你就能明确看出哪些队友需要你为其送上直接的激励，而哪些队友需要你心平气和地与之交流。那些优秀的领袖，他们看起来依靠直觉做出反应，但背后其实是大量的学习与观察。

你必须在球场外花时间与队友相处，无论是一起吃饭，还是到彼此家做客，你们之间必须建立起信任的关系，习惯待在彼此的身边。这样，当你对他们说出一些比较激烈的言辞时，他们也会明白这是带着尊重的表达，也是发自真心的话语。通过这种方式，不会激化矛盾。他们会理解一件事："这个家伙，他是一个喜欢我的人，他也非常迫切地希望一切能更出色，所以我很清楚他这样做的出发点是什么。"

涉及更高级别的沟通时，很重要的一部分就是要摒弃你的自负情绪，同时也要学会如何不去攻击别人的自尊心。当你批评队友的时候，你的目的不是让他难受，当然，也不是为了让自己感觉好些，你的目的是为了解决特定的问题。如果在此过程中，你让别人感觉舒服而非难受，那解决问题的过程就会更有效率。德怀特·艾森豪威尔是二十世纪最杰出的军事与政治领袖之一，他曾说自己从来没有处理关于"个性"的问题。他的意思就是，他都是在批评某个问题或某种行为，而非批评某个特定的人。听听下面两句话，"我需要那份报告准时出现在我的桌上"与"你不能犯懒要准时提交报告"之间，差别还是很明显的。但总会有更糟糕的局面出现，你经常在场上见到类似的情况发生，某位教练或球员当着全队的面公开指责球员，让他蒙羞或感到尴尬。

  沟通应该帮助你发掘人最好的一面，而非让他们感觉更加糟糕。

  反过来，你也应该让自己能够承受这一切。这其实也是沟通中很重要的一部分，但很多本来应该成为领袖的人却忽视了这一点。你不能一直向外输出、输出、输出，然后在别人试图纠正你的某个问题时就暴跳如雷。这会让别人本能地意识到你的问题，他们也不会尊重一个只会指出别人问题，而无法接受别人批评的人。记住，你回应那些针对自己批评的方式，也是在为他人树立榜样，让他们明白如何回应你的批评。如果你在这种时候只是不断攻击对方，那之后他们攻击你的可能性也会提高。如果你耐心倾听、从容接受批评，其实你也在提高自己今后被他人耐心倾听的可能性。沟通必须是双向的行为，否则它就不会有效果。我们此前也聊过，如果你极度渴望提高自己的技术，那你需要对所有的批评敞开怀抱，因为批评是你提高个人某一方面的机会。

  有时候，事情似乎失控了。球队陷入不断输球的恶性循环里，团队内部充斥着愤怒、猜疑和以自我为中心的情绪，这往往是因为团队内部缺少沟通。一些辩解以最糟糕的方式解读，球员间的误解不断增多，每个人都开始盯着对方最糟糕的一面。就仿佛经历了一次分手，并且是与十几个，甚至二十几个人同时分手，而且分手后你还必须与他们继续待

第五封信：善于沟通

在一起，直到赛季结束。

在这种时刻，那些情绪稳定、经验丰富的领袖会发挥最重要的作用。此时，需要有人站出来说一句："不、不、不，他的意思并非如此。当他说这句话的时候，你的理解是什么呢？但你自己说出的时候，你的本意又是如何？"这是一个需要很多耐心与容忍度的过程，但是收获的回报却很多。

关键在于，那些真正强大的领袖知道如何在保证球队不发生大动荡的前提下，完成这些看似困难的沟通。他们知道如何像个成年人接受他人的批评，也知道如何通过批评达到自己想要的结果。他们很清楚一点，与队友以及教练沟通的目的不是找出犯错的责任人，而是找出问题，并挖掘其背后的原因，目的就是帮助更多人明白到底发生了什么。

持续提高自己的沟通能力，可是一个终其一生的课题。我的好朋友朱万·霍华德是密歇根大学的主教练，当年我们做队友时就经常聊到沟通的重要性，我们都认为，不管在球场内外，沟通都是取得成功的方式。如今，他正在全新的环境中努力尝试指导和鼓舞自己的球员，而这些球员的年龄都和他的孩子差不多。他告诉我，他的沟通技巧正在持续优化。我俩还在NBA打球时，短信群聊还是新事物，而现在，即时聊天软件已经成了他与球员谈话最为便捷的方式。

如果朱万不在沟通技巧上努力，他可能还继续坚持自己过去在密歇根大学时，也就是20世纪90年代初"密歇根五虎"那个时代的沟通方式，对他来说，这可能是最省力的方式。他可以说类似这样的话："如今的孩子们都太以自我为中心，导致教练在指导时很困难。"你总是找借口，从而继续缩在自己的保护壳里，这样你也不用管那些孩子们世代的变化，更不用理会他们在家庭背景以及成长环境上的不同，或者他们在基本功上的差距。不过，一旦你抛弃借口，你就会吃惊于后面发生的一切。我曾在多支球队见过那些看起来完全不可能成为朋友的人最终发展出特别的友谊，原因就是他们找到了过去不曾发现的共同点。朱万就非常明白这个道理，这也是他做教练之后如此成功的原因。

K教练之所以能成为有史以来最优秀的篮球教练之一，靠的也是这个品质。我曾入选美国奥运男篮代表队，在K教练手下打过球。那次的经历令我深切体会到，在一支成功队伍中，沟通的目的不是在遭遇失利时扩大每个人的沮丧，而是让每个人知道你看到了他们的优点，让他们对自己的表现感到自信。就算那些NBA球员，那些奥运会选手，他们也始终需要鼓励。

所以，当K教练跟我说，他因为我在防守端的覆盖面积感到惊讶时，我脑子里蹦出的第一个想法就是："哇，我知道如何在这支球队中打球了，我知道自己对球队的价值了，我要在防守中精益求精。"如果我没有听到这样的赞赏，我可能会形成一种错误的理念，也没法为球队贡献力量，进而可能迷失自我了。要知道，我们的队伍中有詹姆斯、科比、韦德和安东尼，在他们身边，我不会得到太多的进攻机会。

这就是K教练的高明之处，他的沟通能力非常强，他也清楚我能够为球队贡献什么，同时，他知道如何将这个理念植入我的大脑。如果他只和我说"克里斯，我们在进攻中不太需要你了"，这会严重伤害我的自尊心，我可能已经没了斗志。K教练很清楚这一点，所以，他用我最需要的方式，也用我最可能接受的方式表达了自己的想法。

除了这一点，我也要自夸两句，我在倾听方面也做得不错。因为K教练提出的不只是让我提高防守，而传递"我需要在哪个方面下最大苦功"。倾听是沟通的另一面，关键就是要花时间思考你接收的内容，也要在足够长的时间里保持安静，完整接受他人的信息。倾听是组成沟通的另一半元素，一直处在被低估的状态。你会看到很多诸如《历史上最伟大的演讲》的书，可能没见过《历史上最伟大的倾听者》。但是，这其实也是一项你需要培养和发展的技能。

如果你仔细观察就会发现很有意思的一点，那就是在任何一支球队里，声音最大的那个人通常不是最好的倾听者，但球队真正的领袖在两个方面都很出色。在需要发声时，球队领袖可以直击要点。当与你交流时，他们也会给你一种感觉，那就是他们将百分之百的注意力放在谈话中。

2016年之后，我就再没有使用篮球场上的沟通方式了，如今的我有了很多新身份，作为一个父亲、一个电视评论员、一个作家、一个活动家，我都需要不同的沟通方式。我现在与别人谈论的话题已经改变了，不过，在职业生涯中学到的沟通技巧还依旧有效——了解你的听众，保持诚恳态度，直击问题要点。还要记住，如果想赢得被倾听的权利，那就要倾听别人的话。虽然篮球场上有其独有的沟通方式，但是沟通背后的道理却是放之四海而皆准。

对你也是如此。无论你选择了什么职业道路，运动生涯总有一天会结束。当那一刻到来，你之前学到的沟通和倾听技巧，就将成为你从运动场上带走的最有价值的东西。

沟通中内容可能会改变，但这个课题永远不变。

克里斯·波什

第六封信：摒弃自负

我并不会说你是个自大狂，但我可以肯定一点，那就是你一定会有一点自负。

这的确是个问题，其实也是每个人都会有的问题。

自负是不断在你耳边浮现的声音。

自负是不断击打你胸口的冲动，并伴随着"我不需要学习别人"的声音。

自负会阻止你将球传给队友，因为你希望让自己——而非他——成为决定比赛的人。

自负会让你觉得自己比教练懂得更多。

自负会用诱人的声调说："我不需要展现出对他人的尊重或友善，我将来进入职业赛场并且非常富有。"

自负会让人说出类似的话："你居然都不知道我是谁吗？"

自负会让一个孩子选择退出球队，原因仅仅是"教练忽视了我"。

自负会让你觉得每个遇到的人都是你故事中的配角。

自负是很难真正定义的东西之一，但是当其出现时，你却能够一下子意识到。

不管它出现在教练、队友还是朋友的身上，这都不是好事。它会让教练毫无理由地怒吼小球员，会让前途无量的年轻球员变成球霸，也会让某些人的行为举止变得像个混蛋，球场内外都是如此。

自负最可怕的一点在于，虽然其他人能够轻而易举看出来，但你自己却很难察觉。自负会立即扭曲你的生活、人际关系和赛场表现。除非你是一个非常善于自省的人，否则你真的不会意识到它的存在。

关于自负如何将一个人拉入深渊，这点非常清晰明了，但它将人拉去哪里，我们却很难预料。

所以我才写下这篇内容，目的就是警告你：你必须用冷酷的态度压制体内的自负，像对待敌人一样去攻击它，因为自负就是你的敌人，是你在赛场和生活前进道路上的敌人。

我记得小时候打比赛时遇到了这样一个对手，他在速度、弹跳以及柔和的跳投手感等方面极具天赋。高中毕业他就被NBA球队选中了，而我们还需要至少再读一两年的大学。当时选中他的球队，希望他能先去低级别联赛锻炼一年，也就是现在的NBA发展联盟。

他拒绝了，他通过媒体对球队说："不可能，我现在已经足够优秀，现在就能打NBA，我不是一个尚待挖掘的球员。"这就是自负，如果你觉得自己足够优秀，其实也没错，因为你不会再变得更好了。如果你觉得接受他人的指导，或者与别人一起训练是很羞耻的事情，那你将永远都无法升入更高的层级。

最终，两个赛季后，他被球队裁掉了。对我来说，这是一个很有警示性的事情，我希望对你也是如此。

NBA发展联盟（G-League）过去的名字是D-League，很多人其实对

D-League都有错误的理解。在他们看来，前面的那个字母D，代表的意思是"匮乏、残缺（Deficient）"，就好像学校里面最差的D班。事实并非如此，这个字母D代表的是"发展中的（Developmental）"。很多球员，比如J.J.巴里亚、丹尼·格林还有哈桑·怀特塞德，他们都是从发展联盟打出来的优秀代表。

谁不希望自己能继续进步呢？这其中有什么误解呢？为什么年轻运动员会出现厌恶的情绪呢？

自负就是很重要的一部分原因了。

管理自己的自负，这是世界上最困难的事情之一，尤其是在你年轻且拥有不俗的天赋时。每个人都会受到自负的影响，而且在你年轻时，尤其别人不断说你有多么出色，控制自负尤为困难。或者在人们为你更改某些规则，你就真的很难不认为成功全部是靠你拿到的。

每周的ESPN都会有一个板块，介绍一些不世出的天才运动员，以及他们本应取得的成绩。他们之所以没有取得预期的成就，几乎很少有人真的是因为伤病，大部分都是其他因素——毒品或者犯法。他们都认为自己拥有上天赐予的天赋，而且将自己视为球队的绝对核心，视为不可替代的人，这种想法太有诱惑力了。不过，这在绝大多数时候都是错误的，毕竟那么多选秀状元没能真正兑现自己的天赋。

背后的原因是什么？自负难辞其咎。而且，当别人都在称赞你，说你多么优秀时，你的自负会迅速膨胀。

听着，我对上述那些人展现如此严苛的态度并不是以此树立自己的形象，也不是把自己打造成一个从来没有任何自负行为或想法的人。我之所以对此深恶痛绝，是因为我从那些故事中所观察到的自负行为也曾几乎毁了我的职业生涯，而且还不止一次。每次我听闻极有天赋的球员因为自负而毁掉时，我都会非常沮丧，我的内心也会有一种想法：那种情况也极可能发生在我身上。

我总希望自己成为场上独一无二的人，更希望成为场上最出色的那一个。我和在马路边打球的孩子一样，幻想着现在是系列赛第七战，而我就是命中压哨绝杀的人。如果没投进，那就有假想中的裁判回调一些时间。如果相比其他孩子我有什么不同的话，那就是我对这些的渴望是如此强烈。如果一个优秀运动员没有成为最佳的念头，他就肯定无法成为场上最强。这是一个非常关键的技巧，同时也伴随着很大的风险。只要体育运动还存在，那就始终会有年轻运动员探寻这种技巧，以此希望成为场上最优秀的运动员。只不过，当他们提升自己并进入更高层级后，此前养成的习惯却不会被轻易抛弃。

这种故事的模板，可能时不时也会有全新的版本。一位运动员展现了不错的潜力，所以他获得了机会登上更大的舞台。比如，公元前316年，希腊港口城市比雷埃夫斯的摔跤手获得邀请，参加古代奥林匹克运动会；比如，高中橄榄球线卫因天赋出色而被名帅尼克·萨班招募进入阿拉巴马大学；比如，篮球天才进入大学打了一年之后，就被选中进入了NBA；比如，体操运动员努力通过预选赛拿到奥运会参赛资格。

上面提到的这些运动员，他们各自的成长过程中都发现了什么呢？发现的可能就是在全新的竞争中，他们面对的一切与过去都大不相同了。突然之间，他们不仅不是场上最强的，反而还可能被别人狠狠压制。这种情况，在科比身上出现过，在德里克·基特身上出现过，在汤姆·布雷迪身上出现过，也在拉皮诺埃身上出现过。基本上，你有所耳闻的优秀运动员，基本上都遭遇了类似的情况。在你原本的层级里，你是最好的运动员，但到了新的层级，你一下子坠入底端，或者运气好点，你还在中间档。面对这种突然间的变化，你会怎样回应，这将决定你成为怎样的人，同时，这也是业余选手与职业运动员最大的不同。

第六封信：摒弃自负

说到底，针对这些变化，你的回应根本上就是由自负情绪决定的。如果事实已经反复提醒你还有很多需要学习的东西，而你还坚持认为自己才是最棒的，你的结局一定很惨淡，一些更年轻的后起之秀将会取代你的位置。面对失败，你会将责任归结为不走运，或是教练不给你机会，又或是队友没有认识到你的出色等。但是，如果你足够谦逊，认清现实，能够意识自己还要学习和成长，你真正地迎来了从冲击"伟大"的机会。所以，这就是围绕在自负情绪上的一个悖论：如果你想成就伟大，你必须清醒认识到自己还不够伟大的现状。

这个道理，通过亲身经历，我学到了。我在高中时打球不错，收到了佐治亚理工学院的招募。当时我觉得，大学篮球的水平应该和高中差不多，而后来的现实，证明我错得多么离谱。大学篮球相比高中，仿佛朝着你的下腹狠狠踹上一脚，完全没有我曾以为的那么有趣。造成这种反差最主要的原因，就是我来到了一个更高水平的级别中，我在高中时取得的成绩已经完全不够了。哪怕我在高中打得非常出色，我也必须与其他人一样努力争取上场的时间和机会。这个过程本身就伤害了我的自尊心，而当我获得机会上场时，我发现自己面对的对手都是大西洋海岸联盟中顶级水平的球员，我想跟上对手的步伐都很困难，这无疑对我的信心又是一次打击。

当升入更高级别时会品尝挣扎的滋味，那是我第一次的切身体会。我不再如过去那般，理所当然成为最好的那个，我只是普通人。当时的教练保罗·休伊特最擅长的就是将我们击垮，然后再将我们重塑。在这个过程中，我会被队里年纪更大的队友"痛扁"，我会在参加完三小时的训练后立马再练三小时，我会在训练结束后被要求加练力量和个人技术，而这一切结束后，我还要去上课。我当时觉得这就是一种严惩。

但是，这也的确促成了我的改变。我坚持了下来，从休伊特教练那里学到了很多，并最终通过选秀进入了职业篮坛。此时，我迎来了又一个"全新的级别"，我要把此前经历的那些再重复一遍。而且这一次，现实要求我一个NBA的菜鸟，在训练和比赛中与那些已经在联盟中征战多年的球员对抗。我说这些不是抱怨，我只是指出一点，那就是进入全新级别的体验完全不像从电视上看起来那样。我想让你们知道的一点就是，帮助我先后两次跨过障碍的不是身高、速度或者其他身体天赋，而是时刻压制自负情绪的能力。正因如此，就算在训练中被别人狠狠教训了，我也可以对自己说："该死，我真的还有很长的路要走。"压制自负情绪的能力也让我可以分辨自己到底真正进入了更高层次，还是原地踏步。这种能力不仅在体育运动中有用，在学业和工作中也一样适用。

可是，就算具备这种能力，在前进道路上的每一步，我还是充满挣扎和坎坷。过去，我从来没有与如此强壮的球员对抗，那个年代的比赛中，身体对抗非常多，而且像我这样的大个子球员，每场比赛都必须在低位对抗很多回合，比现在的大个子球员要多得多。那种感觉就像我刚刚到佐治亚理工学院打球时一样，进入大学后，我个人的心态与高中时有了明显不同，而跨入职业篮坛后，这种不同的感觉又来了。大学时，队友很多时候也是室友，就算离开训练场，我们还是在一起玩耍。而现在，我来到猛龙队，大家本质上都是生意上的往来。球队中除了我一个年轻人，剩下的都是有自己生活圈子的成年人，他们不愿意在训练结束后一起玩。作为年轻人，我在适应这样的环境时非常困难，更不用说我还在另一个国家，而且那里的冬天那么寒冷。

在这种外部环境下，我也依旧要与自己的自负情绪对抗。当时，我的精力都集中在得分上，我希望能够在数据单上写下更高的得分数字。如果没有得到应得的分数，我就会非常沮丧，我在防守端的努力程度也会直线下降。

第六封信：摒弃自负

当时猛龙队教练组中的萨姆·米切尔，注意到我在场上的打球模式。某场比赛后，他把我拉到一边说："就算球队的头号球星，在场上出现这种行为都不可接受，更何况你还不是最好的那个，手里也没球权。"客场与马刺队的比赛，我还因此被按在板凳上。后来，我收到了一条信息：如果我想成为球队在进攻端的核心，我必须在防守端也证明这一点。因为在有些夜晚，你的投篮就是没法命中，但是你每个晚上都可以在防守端拿出百分之百的努力，这是你可以控制的，也一直都在你的掌控之下。

教练的话我真的听了进去，而这也的确改变了我的比赛方式。我学着在投篮不中之后依旧昂着头，我也慢慢明白，如果想让队友们把我的话当一回事，我就必须在攻防两端都成为领袖。就算如此，自负的力量依旧强大，它还是会时常冒出来，并用很大的嗓门喊道："我比目前数据所呈现出的更优秀，我理应获得更多上场时间，获得更多尊重，获得更多媒体的关注。"说实话，某些时候，这真的对我以及队友造成很大的伤害。

2006年，我加入美国国家队，出战了那年的男篮世锦赛。那年，我们在半决赛中输给了希腊。在美国体育历史上，这是耻辱时刻。如今回头看，这也是我生命中耻辱的时刻。当时，我正在被自负严重影响。尽管我没有被自负裹挟成为坎耶·韦斯特那样的人，但这种情绪的确在拉扯着我。

那次世锦赛期间，我脑子里想着的都是自己的事情，我认为自己没有获得应得的上场时间，这让我一度非常恼火。当时，我场均上场时间连14分钟都不到，对于习惯了首发上场时间和打出应有数据的人来说，这太令人不爽。以替补身份登场和比赛，这是我过去所不适应的事情。

其实，无论我的上场时间是不是首发的标准，那届比赛本应成为我职业生涯的闪耀时刻。因为我代表自己的祖国出战，身边也尽是联盟中最棒的球员。如果我当时头脑清醒的话，我本可以从他们身上学到很多。或者最起码，我能享受一次免费的日本之旅，对吧？现实情况恰恰相反，我在那段时间里自怨自艾，为教练不够赏识我而恼火。绝大多数时候，我的脑子里只有自己，没有考虑过球队，没有想过如何贡献自己的力量，也没有在板凳席上为队友欢呼，更没有在上场时拼尽全力。我一直在考虑的只有我想要的，这就是自负所引发的后果。

如今，我再也不会与教练或者队友发生正面冲突了，在公开场合中，我也总是低下头，只说正确的话。不过，人类都是社交动物，我们确实十分擅长读取他人的隐藏感受，大家凑在一起就会做这些事。所以，如果我没有获得自认为应得的上场时间，就算球队取得胜利，我也会不开心，那些靠近我的人能立马感受到这种情绪。这种情绪极具传染性。

我的不开心会伤害球队吗？会导致球队失利吗？虽然答案不是百分之百肯定，但我可以告诉你的一点就是，这些对球队毫无帮助，还会成为问题的一部分。

当我回顾自己的职业生涯，有一个阶段我充满悔意。也许，你也记得自己生命中有那样的阶段，那时候，你有点任性或自私，不仅没给团队增加价值，反而把团队的功劳记在自己身上。那时候，你还会拒绝学习和进步，就是因为固执和倔强。现在回想起来，你可能觉得自己做得最正确的事情就是远离队友。

2006年的失意经历，在之后很长一段时间都与我相伴，也是那段时间里，我开始慢慢明白，以自我为中心的做法是如何伤害了球队，哪怕球队并没有感受到这种伤害。而且，在个人的层面上，我没能好好把握在世界舞台上表现自己的机会。你与自负情绪对抗最行之有效的方式，

第六封信：摒弃自负

就是要学会好好观察镜中的自己。但凡你开始意识到自负影响自己的前进步伐，你也就朝着击败它迈出了重要一步。

到了2008年，我获得了第二次机会——我重回美国国家队，出征奥运会。这一次，我的态度变成了："只要能上场，干什么都行；只要球队需要，干什么都行。"在关于交流沟通的信中，我简单聊过那段往事，不过，那段故事依旧值得我在这里详细说一说。

当时，球队在拉斯维加斯集结，举办了训练营。某个晚上，主帅K教练吃饭的时候喝了点酒，饭后他专门找到我："嘿，我看过你的比赛录像，你打挡拆很不错，还有你的双臂真的长得惊人。"

K教练并没有给我下达明确的要求，但是我听出了弦外之音，他说的是："你现在有个机会为球队做出贡献。"他的话并不是"你可以成为球队的明星人物"，他也没有说"在比赛最后时刻你可以持球"。不，他提到的都是更基础的内容，我从他的话里能够听出，他也正在思考我在球队中的位置，我如果能在随后的训练中发挥令他眼前一亮的表现，我绝对能获得更多机会。放在几年前，我可能从这些话中只能听到他对我的称赞，或者我都不认为这是称赞，我觉得他并没有准确描述我能够持球冲击篮筐的能力。过去的我不认为自己需要争取上场时间，因为我觉得自己上场就是天经地义的。

思想上的转变，带来了场上的变化。德怀特·霍华德是球队的首发中锋，而我是轮换阵容中的第一替换中锋。那届奥运会，我是球队的篮板王，也帮助球队夺得金牌。

所以是不是可以得出一个推论：我们在2006年输了，那是因为我被自负情绪蒙蔽了双眼，或者说，2008年我们最终赢了，那是因为我学会了在板凳席上为球队做出贡献。是不是就可以把所有焦点都集中在我身上，而不是站在球队的视角上看待问题呢？球队在2006年经历失败又在2008年取得成功，这背后有太多的原因与我毫无关系。但随着深入思考，我发现了其中的差别：2006年，不管数据呈现的结果如何，我的确伤害了球队；而2008年，甚至不用看数据，我就是为球队做了贡献。没有一个人可以靠一己之力赢下总冠军或者金牌，乔丹做不到，科比做不到，詹姆斯也做不到。但是球队中的每个球员，他们都有能力改变自己，让自己登场时贡献值从负数变为正数。我在2008年做到了这一点，而这令我骄傲。

我们聊了这么多关于自负的话题，我想告诉你们一个好消息——只要想解决自负的问题，就永远不用感叹为时晚矣。你因为自私或沮丧而表现糟糕并伤害了球队？你没有能力控制自负情绪，也不会向他人道歉，更不会通过学习经验获得成长？这些也是自负的产物。如果你想清醒地自我审视、承担责任、倾听反馈、不断提高，那就需要你保持谦虚的态度，也需要保持自信。所以，一定不要止步不前，也不要否认一切。记住，要提高自己。

球员时代，我个人最引以为傲的那些时刻，就是战胜自负的瞬间。2013年总决赛抢七战，与马刺队的比赛中，我一分未得。不过，我并未因此闷闷不乐，我在防守端和篮板上帮助球队。球队最终赢下了总决赛。当然，我以此为荣，同时，我也为自己多年学到的东西而骄傲——我学会了如何为了球队的整体利益控制自己的自负情绪。每个孩子都梦想在抢七战命中绝杀球，但只有真正成熟的人才会清楚，在出手的球没有命中前，他还能做些什么来改变局面。说出来你们可能不信，我在抢七战得分挂零，但最终总冠军让我感觉比得到了20分还要甜蜜。

刚到迈阿密热火队时，我就非常清楚自己希望在球队的规划中获得什么战术安排。我本来希望自己能在三秒区右侧更多接球，因为我在猛龙队时，那就是我得分最多的点。不过，斯波尔斯特拉教练的体系并不是以此运转，所以我必须离开自己的舒适区，接受现实的改变。其实不只是我，队里的每个人都是如此，每个人为团队都做出了牺牲，就算詹姆斯和韦德也一样。

现在回想起来，我已经不记得当时的具体想法，但记得自己不确定这个体系是否真的能够成功。在我离开多伦多前，一个朋友曾跟我说："你真的要离开猛龙队去冲击总冠军吗？总冠军不是人人能拿到的，你还是留下吧。在这里你能赚更多的钱，我们也喜欢在这座城市里见到你。"可以想象，对我而言，选择前往热火队是一个多么艰难的决定，我必须确保自己在做出决定的时候不会被自负的情绪裹挟，我必须确保自己带着正当的理由离开，同时，这些理由也必须与内心的"原因"保持一致。这个原因就是，我相信自己能够取得胜利，我也愿意为了胜利而做任何事情，我更觉得对我而言，赢球比赚钱更有价值和意义。所以，我拒绝了上百万美元，以及猛龙队首发的角色，我也必须确保自己不是因为虚荣或贪婪而做出决定。我相当于在自己身上赌了一把，我赌的就是与韦德、詹姆斯一起能够比我在猛龙队当老大能够取得更大的成功。

很多人都说他们想赢球，可是，当为了争胜而必须要做的事情摆在他们面前时，我见过太多人选择了拒绝。比如，他们不会每个回合都全力回防，也不会起跳争取每个篮板球。这样的事情我见过太多了。其实，这些人不是想去赢球，只是想拥有胜利而已。他们只想品尝胜利最美妙的部分，而不想参与最艰辛和痛苦的过程中。讽刺的是，在胜利一边躺赢的人会比输球一方的老大获得更多的荣誉。

就像我的老队友肖恩·巴蒂尔说过的一样："没有人关心我的数据如何，他们只会问我手里有几枚冠军戒指，还会问我决定戴哪一枚出门。"充满讽刺的一点：自负情绪会潜移默化告诉你，所有荣誉都是你应得的。如果你想获得尽可能多的荣誉，最佳方式就是成为终极赢家球队的一员。所以你必须明白：只有先为球衣胸前的球队名字奋战，人们才会记住球衣背后的名字。

真正做到这一点，就需要谦逊的态度。不过，内心的自负并不会让你这样想，自负会推动着你为自己争取更多的东西。当我们在热火队拿到第一个总冠军后，球队又引进了拉沙德·刘易斯和雷·阿伦，当时我就知道自己获得的出手机会更少了。不过，每个人都准确找到了自己的角色，所以球队赢下了两连冠。

在整个过程里，每个人都听到类似的声音，它不断跟我们说，我们值得拥有更多——更多的得分、更多的上场时间、更多的关注度等。而我们都必须将这个声音屏蔽。

当你在最高级别的赛场上打球时，你知道耳朵里会钻进来多少声音吗？我只能回答你：很多。你可以先想象一下，现在多少个人与你进行日常交流，然后把这个数字乘以数百万，就是我的感受了。而且，这绝大多数的声音都是想让你的自负情绪进一步膨胀："为什么你不多要球？你明明就该获得更多球权，如果我是你，我就会……"记得效力猛龙队时，我还是个年轻的运动员，有场比赛我打得格外不顺，结果怒摔自己的训练服，不是在更衣室，而是在公开场合。就在那晚，一位朋友对我说："你这么做很对，你就应该用这种方式表达态度。"

跟你说这些话的人，通常情况下也不是想害你，更多时候，这些话都出自朋友之口，出自那些希望鼓励你表现得更好的人之口。但他们不知道的是，这些话会成为那头名为"自负"的猛兽的养料，进而慢慢削弱能够避免你与团队对立的约束。就像正在节食减肥时，别人递过来一个培根芝士汉堡。如果我真的听了支持我耍脾气的朋友的话，那我可能就成了一个正常人不屑与之为伍的球员。

第六封信：摒弃自负

如果任由这种言论泛滥，那接下来会发生什么你就能心知肚明。你会在糟糕的时机出手投篮，看不到空位的队友；你会在板凳席上情绪崩溃，只因你的得分不够高；你还会在防守端呈现懒散的状态，因为在你的意识中，这是微不足道的任务。

你能将那些言论都屏蔽吗？你能在仅仅获得10次出手机会的比赛中依旧全情投入吗？你能心甘情愿接受替补的角色吗？你能像伊戈达拉在整个职业生涯都打首发的情况下，听从史蒂夫·科尔的调遣改打替补吗？你能在控卫没有传球给你的情况下还全速回防吗？你能在队友摔倒后赶快拉他起来，而不是等其他人做这件事吗？你能信赖教练组吗？你会相信教练组中的每个人都和你一样渴望胜利吗？你会思考那些你觉得已经再清楚不过的问题吗？

如果你能做到，你已经具备了强大的精神力量，也拥有了极佳的谦逊品格，这些将会帮助你在全新的高度上取得成功，不管这个高度到底有多高。

当你真正取得成功时，这会反过来促进你信心的增长，而非助长自负情绪的膨胀。

所以，自负和自信之间，到底有什么区别？

自负就是个"说谎精"。它会不断告诉你，你才是最优秀的，不管结果如何，它总能自圆其说。自信则是基于现实，是对真实实力以及艰辛努力的信赖，它也会对未来充满美好的预期，但将预期变成现实还要靠自己的努力。

自负不断对你说，你值得成功，原因只有"你就是你"。而自信则会基于你付出的努力进行分析，你有理由期待自己可能获得的成功。

自负会强调你已经完成了所有的事情。但自信会帮助你为下一个挑战做好准备，也会让你为帮助别人做好准备。当我想到自信这个词，我脑子里就会浮现出苏·伯德的身影。伯德拿到4个WNBA总冠军、5个欧冠冠军、5个俄罗斯联赛冠军、8次入选WNBA最佳阵容、13次入选WNBA全明星阵容。带着如此成就，她本可以心安理得地退役，但她还在对抗自己的年龄，同时年复一年提升自己。她在NBA丹佛掘金队管理层获得了职位，随后还与梅根·拉皮诺一起，为男女运动员同工同酬的权利发声。从她的身上，你就能看到她为自己赢得的自信。

错误地将自负等同自信，这种情况几乎在每个领域都能见到，相关的纪录片也有很多。我认识很多的篮球运动员，他们拥有杰出的天赋，打NBA都绰绰有余，但他们就是太自大了，在终点线前停下了脚步。换个说法，就像比赛还剩最后一圈的时候，他们就开始望向观众席，放松自己的肌肉，结果，在他们没有意识到的情况下，却已经落到了最后一名。因为其他人都在埋头前进、不断努力。

我前面说过类似的观点，但这里我还是再次强调：有天赋还远远不够。你甚至可以找到与NBA球员数量相同的一群球员，他们拥有NBA级别的身体天赋，却没有NBA级别的心理素质。

不管你的目标是什么，你现在就拥有了打磨自己心智的力量，注意，你要打磨的是自信的心态，而非自负。每次做决定的时候，你都要好好评估，思考一下："我现在是否有些自负？我是不是只在追求自我而忽视了团队的成功？想要成为一名更好的队友应该怎么做？"

多年以前，帕特·莱利写过一本书，书名是《赢家心态》（The Winner Within），在那本书里，他将自负称之为"我的一种疾病"。我觉得这是一种很好的表达。他还聊到了自负如何让成功的球队以及失败的球队都陷入分崩离析，如何让天赋过人的运动员与天赋平平的运动员变得相似。如果你见过帕特·莱利本人，你很快就会发觉他与其他人一样渴望成功和胜利，他希望球队知道团队的上限在哪里。但要始终注意一个词：他们。绝对不是"我"，不是个人。

对成功来说，自负就是毒药，而自信则是必需品。搞清楚两者之间的分别，可能是青少年运动员成长过程中最重要的认知突破。如果你真的明白了这一点，那这将成为你在体育运动中学到的最有益的一条原则。

克里斯·波什

第七封信：**领袖方式**

  对于没有领袖的队伍，我们对他们有一个统称——输家。

  不管这支队伍里有没有一个人的球衣上印着代表队长的字母"C"，只要没有领袖的队伍，他们最终只会一事无成。

  与所有人一样，关于领导力的讨论，我听过太多了。每本运动员撰写的书，或者讲述体育运动的书，绝对有一个章节的主题是关于领导力的论述。每一部体育纪录片，当镜头的焦点锁定在比赛或者赛季的关键时刻，绝对会有一个人站出来，告诉大家需要做些什么。每一部体育电影，也肯定会有这样一幕，比如在更衣室中，在一间教室中，或者中场休息的时候，所有人都已经崩溃了，此时有一个人站出来，将他们从麻木的状态中唤醒。

  真正的领导力到底是什么？这个问题确实不好给出定论。大部分关注体育的人在聊领导力时，脑海中浮现的可能是场上那个投进关键球的人，换句话说，就是球队中能力最强的球员。或者，他们想到的可能是在场上发声最多的球员，在暂停时对着队友大喊大叫的人。前面我与你们谈到过沟通的重要性，但我不希望你们因这种观点而感到害怕。

因为领导力绝不仅仅只是需要发表演讲。

在我看来，真正的领袖是在关键时刻能够挺身而出的人。他们不仅在球场上这么做，在教室中、在街区中、在危急时刻也会站出来，当看到有人被霸凌，或者发现生意机会，他们也能毫不犹豫地出手。

我举例的情况都是不同的，也需要不同类型的领导力，但是有一点是共通的，那就是当情况出现的时候，有些事情必须完成，而这些事情自然需要有人去做。

现在的问题就是：你是这个人吗？

我记得16岁那年，校队教练莱昂纳德·毕晓普喊我去办公室。很多球员都与毕晓普教练有过类似的沟通，这种形式在体育运动中也都很常见。而教练"约谈"球员的行为，算是一种召唤，一种对于领导力的召唤。并不是所有人都能获得这种召唤，也不是每个人都能对这种召唤给出回应。而我想说明的一点就是，如果没有让你尊敬的人看到自己的潜力，没有让他告诉你是时候扛起队伍，你就不能成长为优秀的运动员。

见到毕晓普教练后，他给我讲自己曾指导过的优秀弟子，以及他们如何在需要的时候站出来引领球队前进的往事。"我们通常都认为，领袖就是最爱说话的那个球员，但你知道吗？"他对我说，"你拥有截然不同的领导方式，你能为全队做表率。"他的话启迪了我，我明白不用成为球队里声音最大的人，也可以完成领袖工作。他还让我明白，在我没有讲话时，队友其实也在注意我的一举一动。

当时，我是个不太爱说话的孩子，而毕晓普教练曾是一位出色的球队领袖，加上他非常了解我，所以他才对我提出挑战。他告诉我，成为领袖并不一定需要发表大段、震撼人心的演讲，我可以用自己独特方式鼓励、指导和引领球队前进。我独特的方式就是——准时训练和上课，

第七封信：领袖方式

凡事都竭尽全力，为训练做好万全准备，并且在训练时集中注意力。我独特的领导方式还可以是——成为品德高尚的人，一诺千金，展现上进心，积极接受他人的意见并且做出改变。总而言之就是，成为一个令人敬仰的人。

人们总会将目光集中在领袖的身上，关注他们的一举一动，哪怕在非比赛时间。所有的领袖能力都有这种效果，而这样的领导方式尤其适合我。毕晓普教练也明确告诉我，他希望我能够展现出这样的领导方式。

对我而言，这并不是额外的负担，更像一份荣誉。我走出他办公室的时候，自己犹如醍醐灌顶，与他的那次对话，时至今日我还记忆犹新。

通常情况下，当我们想到领袖时，脑海中浮现的画面可能是冲锋在最前面的人，是用演讲激励球队重回正轨的教练，是在抗议游行中拿着大喇叭的人。这些人的确都是领袖人物，但我们提到领袖就想起他们，可能还是因为这种领导方式通过屏幕传播时显得很有戏剧性，我们在谈及领导力时，传达了一种有失偏颇且非常有局限性的观点。哪怕不是上面的人，你也同样能够成为领袖。领袖默默做出表率，为身边的人定下基调，在困难中鼓舞队友，为每个人提供援助。领袖不会让球队围绕着自己运转，而是以球队一分子的身份让团队变得更好。

我很喜欢一句话：想要学会领导他人，必须先学会追随他人的领导。我也很信奉这句话，如果你不知道追随者的内心真实想法，那么你也无法真正了解那些你要领导的人。

有些球队领袖会拿到全队最高分，并在比赛时间所剩无几时投出关键球。但有些领袖则会在更衣室里，在球队陷入混乱时展现智慧。后面的这种领导方式，你通过比赛直播肯定注意不到，而队友们会有明确的感知。当年在猛龙队打球时,我们始终追随的领袖就是达里克·马丁。他的上场时间不是最多的,也没有漂亮的数据,但他用行动告诉我,就算他不做这些,一样可以引领球队前进。他几乎是一位完美的职业运动员,有稳定的场上贡献,拥有在联盟征战多年的经验,他督促年轻球员完成应有的训练,还会在团队聚餐中提升大家的凝聚力。

后来,我去了热火队,承担这项任务的人是朱万·霍华德。我和他成为队友时,他已经进入职业生涯暮年,上场时间寥寥无几。特别是球队第二次夺冠时,他几乎整个赛季都穿着西装坐在场边。然而,每当球队在上午安排训练,他比所有人都更早来到训练馆。每天上午,他都会在跑步机上跑步,然后做力量训练,正式训练开始前和结束后,他也会自己加练投篮。当时,他几乎已经上不了场,但还在坚持训练。他说:"我上场时间没那么多,但是我要用行动告诉队友们,想赢得总冠军,就必须付出这么多。"他非常清楚自己的角色,所以他每天都练得筋疲力尽。评价球员的职业态度时,人们会用"十几年如一日"来形容,而回看那些与我并肩战斗过的队友时,朱万·霍华德绝对当得起这个评价。哪怕知道自己不能获得上场时间,他还依旧付出全部努力,所以,其他人就更找不到偷懒的借口了。

这些肯定不会在数据单上体现,但一支球队能有达里克·马丁或者朱万·霍华德这种球员,那绝对是他们的幸运。

事实上,很多历史上杰出的领袖球员,也不一定能够打出具有统治力的数据。几年前,萨姆·沃克写过一本关于体育领域领导力的书,名字叫作《队长:创造伟大队伍的隐藏力量》,他在书中介绍了最成功球队队长的特质。"这些队伍的队长,不一定是那些让人一眼就能发现的人,"沃克写道,"他们中很少有人是明星球员,而且都做着很繁重的工作。"

第七封信：领袖方式

他在书中举了一个例子，1999年美国女足赢得了女足世界杯冠军，其实在夺冠前，她们就具有统治地位。"如果你向一百个人提问，问他们谁是那支美国女足的队长，可能都不会有人给出卡拉·欧沃贝克这个名字，"萨姆·沃克在书中提道，"对大众来说，他们不太可能记住她的名字，而最主要的原因可能就是她有意为之。"在那支球队中，欧沃贝克绝不是最有天赋的球员，但她作为后卫，拥有非常出色的传球能力。同时，她在场上充满激情，而且体能充沛。上下大巴车时，她会帮着队友拿包。她还曾连续出战3547分钟正式比赛，没有被中途换下。有一次，她在脚趾骨折的情况下还跑赢了所有的队友。欧沃贝克并不是那支美国女足最闪耀的球员，但她毫无疑问是最值得信赖的。

正是这些品质，欧沃贝克成为球队队长，也是大家愿意追随她领导的原因。绝大多数时候，她并不需要说什么，她只要指向一个点，她只需迈出第一步，其他人相信她所做的都是正确的。

领导力的标准，不是谁拿到更好的数据，而是谁能在困境中带领队友扭转局势。真正杰出的领袖，能够帮助球队走出困境。他们用行动展现一种态度，让一切问题迎刃而解，让一场比赛或一个赛季重回正轨。当一支球队命中全部投篮，当他们似乎不可战胜，当他们最终捧起冠军奖杯的时候，任何人都像球队领袖。只有当球队跌入谷底时，真正的领袖才会挺身而出。

我记得在热火队效力的第一年，全明星周末结束后，我们一度输掉了六七场比赛。那是我们组成"三巨头"的第一年，那段时间正是冲击季后赛的关键时刻。当时，媒体将我们批评得体无完肤，似乎球队一事无成，仿佛一切都失控了。虽然我们的态度还相对积极，但似乎也有点恐惧感。一切跌至谷底是在一个周日的下午，我们在主场以1分之差输给了芝加哥公牛队。那场比赛还剩25秒时，我们还领先着2分，对手已经没有暂停。然而，最后时刻我们连续两个糟糕的犯规，将胜利拱手相让。输球还不是最糟的结果，因为我们在一周前输给公牛队，所以，常规赛中我们被公牛队横扫。公牛队在赛季最后阶段打出了24胜4负的成绩，抢走了我们东部第一的位置。所有的不利加在一起，让我们跌到了赛季最低点，而这种情况对媒体来说，简直是"喜闻乐见"。

第二天训练中，詹姆斯走进训练场时，我立马从表情中看到他的想法。那不仅仅是不开心的表情，毕竟输球后没人开心。同时，他的表情透露出他将触底反弹的强烈心态。显然，他重回正轨了，我们也必须拿出与他相匹配的能量。同时，詹姆斯在训练场上展现出来的强度也非常具有鼓舞性。我们看到球队最好的球员在全速冲刺，看到他用最急需的激情和活力引领着球队，这让我们也全力争夺地板球、制造犯规，我们要拿出与他相同的能量，完成看似平常的训练。

回归根本，专注基础，这其实就是领袖该做的事情。他们不能只是在赢球和顺风顺水时"锦上添花"，真正的领袖需要在其他人可能崩溃时保持冷静。詹姆斯无须说任何鼓动大家的话，他只需做出表率，然后相信大家会追随他的脚步即可。事实上，我们也的确如此。两个月之后，我们又碰到了公牛队，这次的舞台换成了东部决赛，此时的热火队已经是一支截然不同的球队。我们没有遇到太多麻烦，以4比1的大比分淘汰了他们。最后的收官战在热火队主场，那一战，詹姆斯、韦德和我的得分都超过20分。

榜样的影响力在很长时间里都被严重低估了，关键在于，做出的表率必须时机恰好。同时应该注意，这不是在队友的耳边一直唠叨，或者要求他们一定做些什么，而是要用行动展现出一种力量。比如，我在球员时代就喜欢训练之前早早做好准备，把球衣等都穿好，这样只要教练一吹集结哨，我就会成为第一个出现在球场上的人，并且已经为磨炼

第七封信：领袖方式

技术做好了准备。所以，想做出表率，自己首先必须以身作则，照顾身体，健康饮食，保持充足睡眠，时刻保持巅峰的状态。另外，如果你希望为队友做出表率，希望他们能够在训练中达到特定的强度，你自己首先要做到。所以，希望用自己的行动引领球队前进，就是需要从小事与细节着手，同时日复一日地坚持下去。

希望成为好的领袖，你不用整天把"我们要为某某赢下比赛"挂在嘴边。这其实是一种误解，是电影里才会出现的桥段。沟通的确非常重要，但远没有每天都出现在训练场上，并且每时每刻都全情投入更重要。而且，如果你是像我一样天生不爱讲话的人，那在场上开口说出一些话并产生巨大影响的次数，可以说是屈指可数。我非常喜欢斯波尔斯特拉教练说过的话："CB（克里斯·波什名字的缩写）知道应该何时开口，这种情况并不常见，但他很清楚应该在什么时候按下那个按钮。"听到他的话，让我觉得真的有人懂自己。我希望自己的话语能够有影响力，所以我会在最恰当的时候开口，这就是斯波尔斯特拉所说的那个"按钮"。如果比赛没有按预料发展，而且我觉得需要直截了当指出队友的问题，我可以很明确地知道一点，那就是当我开口时，这位队友能够仔细倾听我所说的一切。因为只有在事情真正重要、真正值得说出来的时候，我才会开口表达。

需要说明的是，并不是每个领袖都是队里话最多，或者表现最突出的那个人，当然也不是所有的领袖都是沉默不语、用行动做出表率的类型。

有些领袖的风格是钻研比赛录像和战术手册，他们明确地告诉你，在哪种局面下应该采用哪种进攻战术和套路，他们还对本方以及对手的防守布阵了如指掌，简直就是在场上打球的教练。这种领袖发挥的作用，就如同橄榄球赛场上的四分卫，就算他们已经签了大合同，手上也有数枚总冠军戒指，可他们还是会在凌晨两点给队友打电话，一起敲定战术手册中的细节。因为他们就是想赢，同时还在不断学习。他们就是通过这种方式告诉所有人，领导力和奉献精神到底是怎样一回事。

有些领袖的情绪起伏，会与比赛进程保持深度同步。一旦你打出糟糕的回合，或者糟糕的比赛，那他们绝对第一个跳出来跟你说。而当你达成杰出的个人成就时，他们也肯定是第一个庆祝你的人。

还有些经验丰富的老将领袖，他们在联盟待了太久，见过太多的场面，所以不会有什么真正令他们惊讶的事情了。这种领袖，将自己的冷静态度以及处世智慧传递给队友。

有时候，你可能发现这种情况，那就是一支球队不仅有一位领袖球员，几个人共同组成了球队核心，他们彼此清楚自己应该在什么时候发挥作用。其实，如果一支球队中的所有人都能很好地摒弃内心的自负情绪，那我大胆下一个结论：这支球队中的领袖绝不会有很多。

有时候，成为领袖其实很简单。比如，组织一个聚会，邀请队友参加，以此增进彼此的感情，这就是一种方式。在热火队时，我们就保持着一个传统，那就是客场之旅的每一天，我们都要保证全队一起吃一顿饭，可以是正餐，也可以是早饭。就算凌晨三点才抵达目的地，我们也必须在上午十点从床上爬起来共进早餐。这种情况下，领袖的任务也很简单，那就是无论多么想留在被窝里，你也必须准时出现在酒店大堂，与全队一起吃饭。

对于一支球队，这些都是相当重要的隐形资产，哪怕作为球迷，你察觉不到，但我可以和你保证，如果一支球队没有做到这些，那他们将是功能失调、萎靡不振、毫无目标的球队。就算是球迷也能一眼看出问题。如果球员之间没有建立起纽带，不会互相去彼此家里做客，不知道彼此孩子的名字，不在更衣室以外多说一句话，那这支球队就不会

第七封信：领袖方式

成功。

当然，很多人会说："职业体育就是个生意场，队友之间本就应该是同事关系，而非朋友。"这种态度的确在有时候也能发挥积极作用，但前提是一切顺利发展。一旦出现了偏差，当球队内部需要找出问题的根源，以及希望寻找改进和提高的办法时，你就会发现上面提及的态度无法提供帮助。或许，你还听过如此表达："没有人会真的在乎你说了什么，直到他们意识到你是真的在乎了。"因为绝大多数情况下，如果你只是将一个人视为机器上的齿轮，那么，你恐怕也不太上心他说的话。所以，真正的领袖会将队友视为活生生的人，而非机器上的齿轮。这样做不仅仅因为领袖的性格和善，更因为他们清楚如何激励他人，如何让队友有挺身而出的动力。

在体育运动中投入越多、经历越多，越希望找到一种"放之四海而皆准"的领导模式。在这种模式中，团队往往只有一位领袖，如果他不继续遵循前人的成功经验，那他就被视为失败的领袖。不过，以我在最高水平竞技舞台的经验来看，千万不能死守一种模式。毕竟，你在现实生活中所遇到的局面更加复杂，比赛也将各种形式的挑战抛给我们，一旦某个人站出来贡献了力量，那他就会成为领袖。这绝不是"人人都是赢家"那种安慰人心的话语，而是你要明白，生活远比体育电影复杂，绝不是一通振奋人心的更衣室演讲就能够逆转战局的理想世界。

然而，就算找到了适合自己的领导方式，你也要时刻做好改变的准备。这么多年的职业生涯，我身为领袖都记不清做出了多少改变。我一直努力成为受到队友敬重的球员，也希望自己能够具备诸如坚韧、可靠、好胜以及积极等品质。但是，如何将这些想法付诸行动，是一个不断变化的事情。

所以，就算你已经对自己在球队中扮演的角色感到满意，但外界对你的期待却可能因环境的不同而发生变化。比如，你被归为"不爱出声的球员"中，你还是会在训练中被要求公开发声。而且，越是普遍认为不爱说话的人，在关键时刻的发声就越有力量。因为通过这一举动，大家都会清楚你的认真程度以及事态的严重性。

在多伦多猛龙队的时候，我学了很多成为领袖的技巧，其中有一点令我印象深刻。"身先士卒"固然是不错的领导方式，但有时候我也需要挺身而出，做个有情绪、有态度的领袖。所以，我为此付出了不少努力。我需要让大家意识到一点，我不仅是一个每天都在努力训练的人，如果我真的发火了，那说明事态非常紧急了。

后来到了迈阿密，我的领导方式再度发生变化。那时候，我成了"三巨头"之一，这意味着我将扮演全新的角色，很多时候我甚至要"退居幕后"。我的身边有韦德、詹姆斯这样杰出的领袖，而且他们出色地完成了任务，在这种情况下，我本可以让自己轻松一些，减轻一些职责。但我想起了毕晓普教练的教诲：无论我在其他方面做了什么，我都可以继续用自己的行动为队友做出表率。所以，我意识到自己可以用行动，让身边的人都明白我希望在这里建功立业的意愿。我也非常相信詹姆斯和韦德，如果我想出手的话，只要给他们一个眼神，他们就能明白。

在防守端，我要确保持续且稳定地出现在正确的位置上，当自己犯错时也要扛起责任。令我感到骄傲的一点，我是防守中发出声音最大的人，因为我所处的位置能够看清场上的形势，可以更好指挥队友跑位，从而让防线更加稳固。如果我扮演好防守轴心的角色，詹姆斯和韦德也能更放心地扑出去抢断，正是这种防守方式，我们获得了非常多轻松快攻扣篮的机会。我希望令队友放心，只要我告诉他们我将出现在什么位置，我一定就在那里。这就是我在热火队分担领导任务时所做的事情，这对我来说的确是全新的任务，但我立刻就能看到这种做法的优势，我知道自己能够为球队的成功做贡献。

这就是领导力的关键，一切都在不断变化中。所以作为领袖，你需要有改变的意愿，以便在任何时刻去满足球队的需要。其实无论是谁，都可能在任意一天站出来，但是身为领袖，你要不断改变自己的领导方式，确保球队始终在正轨上。想成为冠军球队，就要具备冠军的气质与心态，而领袖能够拒绝负面情绪渗入球队，也不能让队友轻易屈服。

身为领袖，你需要了解队友，与每个人进行交流和沟通，让他们知道自己对团队的重要性。而现实生活中，又有几个人能够放下自己的自负情绪，真正去了解每个队友的价值呢？这其实正是领导力的难点，你需要冲破桎梏，在并非心甘情愿的时候，你也要踏出舒适区。

身为领袖，同样要为队友展示如何做个合格的领导者。合格的领袖能很好完成教练布置的任务，或者耐心地听从队友的建议。合格的领袖能让队友看到，将自负完全摒弃的人是什么模样。

领袖会用言语或者行动激励队友，哪怕队友并未真切感知。不过，当球队陷入困境，比如连续投篮不中，或是遭遇连败，他们都会这么做。同时，领袖也时刻做好准备，迎接第一波抨击。他们都非常自信，坚信自己能够承受这一切。哪怕有时要面对一些无妄的指责，领袖也能够克服。

领袖不是一个无懈可击的人，但队友还是信赖他们，很重要的原因就是领袖往往在犯错时主动承认。2015年，热火队客场对阵爵士队的比赛中，我与斯波尔斯特拉教练发生了激烈的言语交锋。当时，我在场外有些不顺，而这种情绪影响了我在场上的发挥。在争吵中，我明显感受到斯波尔斯特拉教练对于我表达的内容并不在意。这种情况并不罕见，人都有情绪，有时候情绪甚至能逼出最好的表现。然而，那次我们最终输了，这样的结果令人沮丧，因为我们下一个对手是金州勇士队。我们错过了一个赢球的好机会，所以没有人感到高兴。

不过，斯波尔斯特拉很清楚不能让场上发生的事情轻易略过。作为球队的领袖人物，他要确保我们能够及时解决问题。同时，我也是球队的领袖之一，我必须为队友做出更好的表率，哪怕我自己也诸事不顺。于是，第二天球队训练开始前，斯波尔斯特拉和我一起吃了早饭。我们把话都聊开了，针对如何带领球队继续前进提出建议。他本可以置之不理，让问题进一步恶化，但他没有这么做，而是选择了一种更为艰难的方式——直面问题。我们一边吃着鸡蛋，一边商量对策，然后又一起去训练场。在球队的录像课开始前，我当着全队的面为自己的行为做出了道歉。

如果说自己道歉时非常轻松，那我一定是在撒谎，因为承认自己错误永远不会令人轻松。不过作为领袖，我要将那些再明显不过的问题摆到台面上。同时，我还非常清楚，在为领导力下定义时，这也是非常重要的一部分：如果你希望及时喝止别人犯错，那就要做好自己犯错时将面临同样处境的准备。斯波尔斯特拉教练让此事变得轻松了不少，他与我进行了一次开诚布公的对话，而不是让彼此的怨气越积越多。我们有着共同点，那就是对胜利的渴望和追求高于一切。同时，我们也非常明白，只有成就他人，才能最终成就自己。正是这样的共同点，我们能够放下自己的傲气。

还有一条经验，在我篮球之路刚刚起步时，毕晓普教练告诉我：一个团队拥有集体的精神，或者共同的灵魂。而团队领袖，就与这种精神紧密连接在一起，他们也非常清楚如何保持这种精神昂扬向上。那些最杰出的领袖更会有一种意识，他们知道自己正处在一项了不起的事业中，而这项事业比个人更加重要。

第七封信：领袖方式

  领袖只不过是某项事业的组成部分，这项事业比领袖更重要。这是非常重要的理念，重要程度可能超过了很多人的描述。你可能认为，领袖就如同从天而降一般突然出现。或者你觉得自己不是领袖，因为你脑海中关于领袖的刻板印象，与自己的特点完全对应不上。如果你这么想，那就犯下了严重的错误。不要等待领袖的降临，也不要在有机会成为领袖时犹豫，更不要期待一个全知全能的领袖为你指出通往成功的道路，或者送你写满秘诀的卷轴。绝大多数时候，这个人并不存在。

  然而，你是切实存在的人，你的技术是真实的，你的意愿是真实的，你的领导力潜能是真实的，一切都看你能否找到使用这些能力的方法。

  无论你的球队处在什么位置，无论你的球队是以娱乐为主还是最高水平的职业球队，也无论你的球队刚刚夺得冠军，还是经历了失败的赛季——你的球队都需要领袖，每支球队都需要领袖。球队中的每个人都有挺身而出的时刻，也都会为球队贡献所需的领导力。你的球队此刻所需要的那位领袖，可能就是你。

克里斯·波什

第八封信：**塑造身体**

与勒布朗·詹姆斯做队友意味着我拥有一项特权——我能在最近的距离，仔细观察这位历史最佳球员之一。其实，绝大多数时候，我所看到的与球迷在电视上看到的并没有太大区别，不过，有时我也能够获得一些幕后视角。所以我能够清晰看到，严格自律、坚持不懈的态度，以及过人的天赋，塑造了詹姆斯。

这是非常重要的一点，因为我们似乎有一种惯性思维，觉得英雄都是生来如此，而非后天塑造。我们可能忽视了，在运动员生涯中，拥有出色的身体素质只是一方面，更重要的是如何将身体状态保持下去。如果一个人不知道如何维持和保护自己的身体，他就无法持续地保持统治力。

加入迈阿密热火队对我是一种冲击。我是一个喜欢与队友一起玩的人，我们经常聚在一起打扑克，或者干些别的事情，总会熬夜。我们还举办了几次令每个人都记忆犹新的聚会。

但是，如果说那段时间留给我印象最深刻的事情，还是我加盟球队后见过詹姆斯的一次拉伸。他的拉伸动作是一套持续30分钟的固定流程，据他介绍，每天早上起床后以及晚上睡觉前，他都会完整地做一次。而且每次个人训练、球队训练以及比赛结束后，他还会做一次。还有一次，我看见他站在牌桌边，目的是确保自己可以继续拉伸。如果问我见过他累计做了多少次，我的答案可能有一千次，或者更多。

如果你没有进过NBA更衣室，那我可以告诉你里面的样子：每个人都在进行拉伸。可就算如此，詹姆斯在拉伸上花费的时间和精力，也绝对在联盟中排名前列。他说自己之所以这么做，是因为在刚刚开始打球时，一位教练告诉他："扣篮的确很漂亮，不过你想一直这么打，那你就需要做好拉伸。"他把这句话牢记在心，而我们绝大多数人却一笑置之。然而，詹姆斯从高中时代就开始冰敷膝盖，每次也都会持续30分钟。

从青少年时期开始，很多人也告诉我应该注重拉伸。但年轻的你并不当回事。因为那时候，你身体柔韧性很好，你对自己的身体甚至是"弃之如敝履"的态度，或者你也不知道应该怎么保养身体。我在年轻的时候也没有考虑延长职业生涯的问题，也不会想着提升身体恢复质量。当时的我，脑子里没有"等我老了就会后悔"的念头，甚至可能都不觉得自己会变老。我那时候的心态就是："出来打球，然后回家。"我就这样度过了一天又一天，逼着自己扛过伤病，就好像自己会始终年轻。让我比赛前早点到球场拉伸？比赛后晚点走再做拉伸？谁有这个闲工夫！

高中时代，我与队友在每场比赛前都会吃一个足三两汉堡。而且不止我们，NFL球员最喜欢的餐馆就是芝乐坊，芝乐坊的菜品特别多，分量特别大，座位特别宽，热量特别高，同时价格相对合理。NFL球员都是什么人呢？一群二十多岁，身高体壮的小伙子。

后来，我慢慢纠正了自己吃足三两汉堡的习惯，爸爸曾评价我的行为："你在给法拉利超跑加常规汽油。"但很多运动员时至今日还没有改变这种习惯。

大家别误会，我非常喜欢吃冰激凌，也爱吃士力架和足三两汉堡，我不是要与这些食物划清界限，而是在适度的范围内享受。与其随心所欲地吃自己喜欢的食物，而导致无法将最大的潜能发挥出来，我还是更愿意放下冰激凌，赢下一个总冠军。

当然，也有一类人，并未好好保养身体，同样拥有很长的职业生涯。但是，如果你看看真正伟大的球员，那些年复一年保持杰出状态的球员，比如勒布朗·詹姆斯和汤姆·布雷迪，他们真的付出了很多努力。效力热火队期间，我目睹韦德和詹姆斯是如何保养身体时，那真的令我大开眼界。正是他们让我明白了一点，身体是宝贵的财富。雷·阿伦也是如此，他说自己从10岁左右就开始关注各种新的治疗和保养方法，任何能够让他更快速恢复身体的，他都会了解。这些差别，迟早反映在场上，也迟早成为决定你能保持高水平打多少个赛季的最大因素。

打个比方，如果你拥有一家工厂，厂房以及机器设备是你的核心资产，这些可以制造产品，帮你赚钱。如果你将一部分利润继续投入，比如购买新机器，或者维修出现故障和损坏的设备，就能够继续赚钱。如果购买了更高效的机器，你甚至能够赚到更多的钱。如果你忽视这方面的投入，你的机器最终不可避免地磨损和毁坏，你的事业也到此为止了。

而运动员最接近工厂核心资产的就是自己的身体，这是令你在运动项目中有所建树的核心资产。同时，在你个人生活的其他领域，身体也是根本和基础。如果你是职业运动员，身体方面的投资可以在经济层面带来显著的收益，而且，就算你不是职业运动员，投资自己的身体一样能够带来变化。你能清楚意识到身体是否处在巅峰状态中，而不是摸不清自己的油箱里还剩多少油。无论你是什么身份，身体都是自己最重要的资产，必须好好保护，也必须不断投资身体。如果你不这么做，那这份资产的价值将随着时间而每况愈下。

人们总觉得运动员怪物般的运动能力来自遗传，这么认为或许有一定道理。其实，如果仔细观察职业体育联盟，就会发现几乎每个人都是天赋异禀，在这种环境中，每个与你对抗的家伙都有过人之处。所以，在这种环境当中，如果你不额外付出努力，不好好珍惜天赐的能力的话……

伙计，我就直说吧，你肯定打不了太久。

如果你像我前面提到的那样，坚持对自己投资，你绝对能成为他人眼中追逐的目标。如今不是贝比·鲁斯打球的时代，对手不会吃了一肚子热狗，叼着一根烟就准备上场比赛了。时代的标准改变了，如何更好管理、恢复身体与心理，已经成为一门科学，并且在不断进步。如果你跟不上步调，其他人就会将你甩在身后。

几年前，比尔·西蒙斯做了一期播客，内容就是他与勒布朗·詹姆斯的生意伙伴——马弗里克·卡特的一次交流。卡特告诉西蒙斯，詹姆斯每年在保养身体上的花费高达150万美元。除了巨额的金钱外，詹姆斯花费的时间和精力也颠覆了西蒙斯的固有想法。从雇用私人厨师和按摩师，到优化和完善睡眠习惯，再到仿照球队训练场打造家庭体育馆，这些细节都令听者震惊。

这些行为听起来很疯狂，但是，如果从詹姆斯的角度上，从处在领域顶端还坚持自我投资的人的角度观察，你或许才能明白。只从经济收入上也能理解，如果不是年复一年保持巅峰状态，詹姆斯也无法仅靠工资就收获上千万美元的收入。看看他如今的成功就会明白，他投入了这

第八封信：塑造身体

么多保养自己的身体，绝对收到了更高的回报。

如果你想不通为什么詹姆斯这种球员能够将出色的状态延续如此之久，那现在你知道答案了。同样的道理，也能够解释F1赛车为什么跑那么快，纯种赛马为什么能经得起一场又一场艰苦赛事的考验。

我要重申一点，遗传有一定作用，但只发挥了部分作用；天赋非常重要，但只是成功的部分原因。在我看来，发挥更重要作用的是科学，是你在保养自己那些有价值的资产上到底投入了多少时间和精力。

如何照顾好身体，如何保养帮助你前行的能力，这就是一门科学。詹姆斯之所以能保持如此的持久力，正是因为他一直在着重打造自己这方面的能力。他在保养身体方面投入的精力，与他在练习低位脚步和跳投花费的精力不相上下。所以，你还觉得他没有涉猎相关的书籍吗？你觉得他没有请教专业人士的意见吗？你觉得他在过去二十多年里，没有用开放的态度去学习相关的科学知识吗？人的思维就像一块可以被塑造的肌肉，而且它还能为真正的肌肉提供养分。

在总决赛中，詹姆斯必须出战40分钟以上，并全力以赴。比赛结束后不到48小时内，他还要踏上横飞美国的飞机，再重复一遍如此的表现。几年前第二段为骑士队效力的生涯中，詹姆斯曾与勇士队连年在总决赛中交手，有记者针对他的身体恢复流程进行专门报道。在那篇报道中，一位接受采访的运动专家颇为感慨地说，詹姆斯在恢复身体上投入的努力，他只在另一项赛事中见过，那就是久负盛名的环法自行车赛。一场比赛结束后，詹姆斯会立刻开启恢复流程，首先就是喝补充性饮品，补充蛋白质和碳水化合物。同时，他将身体浸入冰水中，他将这一方式命名为"临界点酷刑"。然后，在球队的飞机上，他继续喝补充性饮品，同时接受按摩和电疗。

《商业内幕》记者考克·盖恩斯在文章中曾对此进行详细的描述：

"从旧金山返回克利夫兰的飞机于早上6点30分降落。落地之后，詹姆斯先回家睡了一觉，然后在下午1点返回球队训练馆中。

"此时，距离下一场比赛开始还有差不多30小时，詹姆斯在动感单车上做了训练后，又反复进行了热水浴和冷水浴。

"训练了两小时后，詹姆斯返回家中，与私人训练师麦克·曼西亚斯碰面。两人又进行了4小时的治疗、按摩和恢复。"

这就是我所说的，球迷看不到的另一面。大家能看到我们在赛前热身投篮训练时已经汗流浃背，也能看到我们赛前从球员通道里跑出来，这些场景就仿佛走进办公室，开启平常工作一般。到场早的球迷，或许还能看到我们在场上折返跑。这对普通人来说就已经是一件很艰难的事了。我们不会像普通人踩着时间点上班。如果晚上7点开始的比赛，我们可能下午4点就到场了，最晚不能迟于5点。我个人的习惯是在开赛前两小时就进入球场，找找投篮感觉。有些人则会更早，比如雷·阿伦，他通常都提前3小时开始练习。

而比赛结束之后，我们还要冰敷、恢复，还要根据当天的身体反应或是出现的伤病进行针对性治疗。只要上场，身体就会发生损耗，所以需要训练师帮助进行恢复，这通常又要花费几小时，无论胜负都这么做。

当出征客场时也要重复这些流程。并不是比赛一结束，球员就去冲澡，然后去夜店玩了。这不是打卡上下班的生活，也不是是否遵守球员工会准则的问题，你就是需要花费足够多的时间将那些需要做的事情做完。比如，你在比赛中扭了脚踝，或是戳伤了手指，这就需要付出额外的精力治疗和恢复。如果你真的在乎自己的身体，就算回家后，你也需要做更多的肌肉拉伸和力量训练，也要时刻注意自己的饮食。

再举个例子，聊聊历史上最伟大的运动员之一汤姆·布雷迪，关于他保持身体状态所做的事情,大家可能都有所耳闻。这些做法令他在自己的领域中始终保持极高的竞技状态。他与詹姆斯一样,在身体拉伸和保持柔韧性方面一直都非常努力。不过,他一切努力的基础是饮食方式。在沃克斯网站上,朱莉亚·贝鲁兹就写过相关报道:

"布雷迪的饮食结构以植物为主,绝大部分都是产自当地的有机食品,没有太多深加工食品。早上起来后,他先喝约600毫升电解质饮料,然后吃一些水果奶昔。在晨练结束后,他喝更多水以及蛋白质饮品。他的午餐基本就是鱼和蔬菜,午后的零食包含水果、蛋白质能量棒,还有更多蛋白质饮品。晚餐时间,他吃更多蔬菜,有时还喝点汤。

"相比布雷迪的饮食,给人印象更深刻的是他不吃的东西。他不碰任何含酒精的饮品,不吃含麸质的面包,也不吃意面、早餐麦片、玉米、乳制品、转基因食品、高果糖玉米糖浆、含反式脂肪的食物、自然糖、人造甜味剂、大豆、果汁、以谷物为基础的食物、果酱和果冻,他尽量不吃食用油,也不吃速冻食品、咸口零食、甜口零食、加糖饮料、土豆等。还有一些预先包装好的调味料,比如番茄酱和酱油等,他也不吃。"

哪怕是现在,布雷迪在什么可以吃、什么不可以吃上依旧态度坚决,比如,他依旧不吃任何含有西红柿的食物。他在比赛场上的表现是最好的证明,而且他的坚持或许也是最终取得如此成功的原因之一。

在饮食方面我有一点可以肯定,那就是多吃水果和蔬菜,尽量远离深加工食品。同时,还有一点,如果你也希望获得如布雷迪一般"长寿"的职业生涯,除了像他那样注重饮食、营养和训练外,别无他法。

我也一直在向优秀的人学习,我并不觉得自己在身体健康方面的投资花费很多,但是在目睹了诸如詹姆斯、韦德和雷·阿伦这些家伙保养身体后,我也开始更认真地关心自己的身体。回想我在多伦多打球的时光，NBA还没有形成如今这种关注身体的风潮。大家都认为这些方法只是老将们希望多维持几年职业生涯的手段，在那个时代，如果你与我一样年轻，甚至觉得聊这些是一种忌讳。我记得当时，如果年轻人躺在按摩床上接受额外的恢复治疗，老将们会直截了当地说："你这么年轻，哪需要这个。"

如今回想起来，这可能是我听过的最蠢的话！"你如此年轻，所以你无须保养身体"，这的确就是我成长的文化环境，尽管当时我就觉得这种态度很愚蠢。

后来，我去了迈阿密，与韦德和詹姆斯成为队友，也亲眼看到了他们在篮球运动中的投入。这也让我开始回想："糟了，我从来没做过这些事情。"这种情况发生的主要原因还是运动员的思想改变了，他们开始认真对待比赛和自己的身体，而这恰恰是他们早就应该做的事情。只有这样，你才能尽可能延长自己的巅峰状态。只有这样，你才能在生涯大部分时间里保持巅峰状态，而非那么短暂的一两年。我也是从那时开始请私人厨师，制定属于自己的拉伸、冰敷和按摩流程。我觉得这是自己职业生涯中做过的最好的决定之一。

职业生涯末期，我增加了一项最重要的环节，那就是在每天晚上，在即将结束一天的生活时，我做一次正念冥想。这让我能够将一天的繁杂放下，获得一段优质的睡眠。在这个过程中，我闭上双眼，专注地做呼吸训练。或者我读一本书，放松自己。这些做法都能帮助我尽快进入梦乡。这是非常必要的步骤，因为睡眠对身体恢复起了非常关键的作用。最近几年，我听说越来越多的运动员定下"卧室无屏幕"的规矩，他们都很清楚，注重调节饮食的同时，睡眠质量同样重要。

关于保养身体，还有一点非常重要，特别需要你切记，那就是别人没法代替你完成这件事，因为这与他人没有利害关系。当然，你会遇

第八封信：塑造身体

到一些教练和训练师，他们指导你："如果你想在低位有更大的威力，就需要增加肌肉量。"我也被指导过，而且我真的听了进去。在某些时候，增加身体的肌肉量似乎比真正比赛还重要。不过，如果你希望立马看到自己在场上的变化，那是一种训练方式。如果你希望自己能够经受漫长职业生涯的考验，那训练方式肯定又不一样了。我也是到了职业生涯末期才明白两者之间的差别，也是在那时候，我还悟到了另一点，只有自己才关注个人职业生涯的长远利益，无论是教练、训练师还是队友，他们对你的关注程度肯定不会比自己更高。

你肯定希望对自己的身体了如指掌，记住一点，这是你赖以生存的最重要的"工具"。设想一下，如果木匠或者水管工在你面前，结果他却无法将工具箱中工具的用途阐释清楚，那你还会信赖他吗？这个道理放在运动员身上也是一样，你得能在面对医生、训练师以及教练时提出自己的主张。我这么说并不是不让你信赖这些人，只不过你是唯一能够真切感受自己身体反应的人，所以你需要学会如何接收身体发出的信号，并且在此过程中怀有充足的信心。

想想发生在卡瓦伊·莱昂纳德身上的事情，当2017/2018赛季他的右大腿受伤时，他选择缺席赛季剩余比赛，以恢复伤势。哪怕马刺队的每个人都劝他早点复出，他也没有这么做。他始终非常坚定地认为，必须等到自己的身体做好准备再回到球场，哪怕因此被交易送去猛龙队也在所不惜。后面发生了什么，大家都心知肚明了。做好重回球场的准备后，他带领球队拿到了总冠军。如果他在那之前听从了马刺队的意见，缩短康复流程，提前复出比赛，事情的结果会有什么不同吗？这个问题没人能回答。也许他不会有任何问题，但也可能遭遇导致职业生涯提前结束的重伤。关键就在于，莱昂纳德是这个世界上唯一了解自己身体感受的人，所以他做出了决定，并一直坚持下去。

过去，球员会在更衣室里抽烟，会带伤坚持比赛，还会在休赛期无节制增加体重。改变这一切花费了很长的时间，所以在最近几十年，看着球员的竞技水平越来越高，职业生涯也越来越长，我们并不应该感到很惊讶。原因就是运动员正在越来越注重自身，越来越在意自己的"固定资产"。

如今谈到保养身体，不仅仅是吃正确的食物，保持正确的睡眠习惯，以及科学训练。更重要的是，我们需要学会如何接收身体反馈的信息，区分哪种疲惫状态能扛过去，而哪种情况下你必须停下来进行恢复。这就是如今的NBA，你能广泛听到"负荷管理"的意思。如今的球员和教练更注重持久的表现，更在乎如何尽可能延续巅峰状态。特别是运动员，他们在了解自己的身体以及保持长久健康方面，正在积累越来越多的经验。

的确，就在几章之前，我还曾告诉你们，学会何时忽略身体发出的"干扰信号"并扛过疼痛是很重要的事。（在这里有必要多说两句，关注自己的心理健康同样必不可少。所以我要向凯文·勒夫以及其他意识到这一问题的球员表达我个人的敬意，无论你的身体是否处于良好的状态中，压力、不安、负面情绪等，都会导致你的生活和职业生涯发生天翻地覆的变化，造成比伤病更严重的影响。所以，不要自己硬扛或选择无视，主动寻求帮助，严肃对待这些问题。你理应让自己的内心感到舒适。）我还是要重申，这的确是成为一位出色运动员所必备的能力。但同时你们也要了解到底应该在何时停下，应该在何时恢复自己的身体。那么，这之间的区别如何把握呢？我只能跟你们说，绝大多数时候你自己会有感知。如果你在训练中足够刻苦，也有很多次逼着自己跨越极限的经验，你就会明白真正的"疲惫和酸痛"是什么感觉。以此为基础，也会明白"可接受的疼痛"到底何种程度。任何有足够经验的人，他们

第八封信：塑造身体

就算无法用语言表述，内心也都明白两者的区别。而且，类似的经历越多，你就越发了解自己的身体，也更明确临界点在哪儿。然后，在多数情况下，当身体出现伤痛时，你也有信心扛过去。你的脑子里不会有另一个声音与你拉扯，让你怀疑自己的身体是不是真的到了极限。就是因为你不止一次经历这些，所以你能够平稳渡过难关。

我曾不止一次听说，很多NFL运动员会掩盖自己的脑震荡症状，目的就是能够回到场上比赛。我还听过很多其他项目的运动员，会在受伤后吃止疼片，坚持比赛。对于这些行为，我真的觉得自己应该为他们发声。造成这种现象的部分原因是体育背后的经济规律，很多运动队对待自己的运动员，特别是非明星运动员，简直就把他们视为一次性用品，所以很多运动员只有两个选择，要么带伤坚持，要么直接被裁。不过，还有另一个原因，那就是运动员必须帮助彼此成为掌控自己的主人，能对自己说一句：“我知道酸痛是什么感觉，也知道受伤了是什么感觉，而现在，我自己感受到的不仅仅是酸痛。”在我看来，这才是关心自我真正的意义所在。这件事不是去做个水疗，或者泡个热水澡那么简单，其本质是："如果我都不优先为自己考虑，那谁还会这么做呢？"

有时候，忽视自己身体反应是颇有诱惑性的事，对此我也心知肚明。而问题在于这么做之后，身体早晚有一天会背叛我们。当身体处在巅峰期时，如果你不好好保养，就像不顾一切地刷信用卡，账单迟早寄过来，而且数额相当巨大。

不过好消息是，只要你刻苦和努力，还是能够还清账单。2018/2019赛季，勇士队总经理鲍勃·迈尔斯曾将德雷蒙德·格林单独拉到一边说，如果勇士队要保持在西部以及联盟中的顶尖位置，格林需要减去差不多30磅（约13.6千克）的体重。你能想象当时的场面吗？不过，格林最终还是做到了，他除掉不健康的饮食，成功减轻体重，在季后赛找回了最佳的身体状态。虽然在季后赛的征途中，球队最好的三位球员中的两位遭遇了毁灭性伤病，可勇士队还是几乎完成了卫冕。他们取得的成绩，与格林保持健康、发挥稳定有很大的关系。

所以，调整身体状态是运动员必须做的事情。一旦这方面出了问题，你在过去取得的成功，积累的经验都将于事无补。我们选择的职业就是有此要求，这也是其中非常困难的一环。

聊到这里，你们可能也意识到了，一个巨大的讽刺出现了。我用了这么长的篇幅告诉你们如何延长运动寿命，我也一直努力让自己打得更长久，可结果却是，我被一个无法控制的医学问题终结了职业生涯。我没能以四十多岁的年龄继续奋战在场上，更没能在职业生涯暮年为一支冠军球队贡献力量。从某种意义上来看，我在保养身体方面付出了很多，但显然并未收到等量的回报。所以，我做的一切都白费了吗？

不，我不这么觉得。我们无法控制出现的一切问题，比如我无法控制体内的血栓。但是有些事情我们可以控制，正是这些值得我们引以为傲。

我很骄傲的一点是，我用尽可能严肃认真的态度对待篮球，场上场下一以贯之，哪怕我因此少吃了很多糖果。

还值得骄傲的一点是，我学会了如何做自己身体与健康的主人。在我进入联盟的时候，并没有年轻球员会被鼓励做这件事，但我坚持了下来。

更骄傲的是，我的身体目前依旧很健康，我的头脑也会在未来几十年里保持犀利与敏锐。

还记得前文我提的一句俗话——健全的心智寓于健全的身体。思想是组成身体的一部分。我非常关注的一点就是让自己精神层面的表现维持在巅峰状态，而且越久越好。如果你已经读到了这里，我可以肯定一点，你也非常在意自己的精神状态。所以，记住我的话："如果你不好好保养自己的身体，那么你也无法让自己的精神状态达到巅峰。"

好好睡觉、健康饮食、坚持运动，这些对身体的投资，哪怕在离开运动领域后依旧会给你以回报，让你一生都能享受红利。

所以，多为自己身体下一些苦功，并以此为荣吧。你做的一切都不会白白浪费。

克里斯·波什

第九封信：应对批评

如果打球就是在场上跑跳投篮，下场之后就能与世隔绝，那该是多美妙的事。然而，当你对篮球的了解越深刻，或者往大了说，你对生活中任何事情认识越深入，就越能明白这是不可能的。

当你利用天赋和技巧取得成功后，批评必然随之而来。也许，你听过一句话："批评是取得成功后必须交的税。"以我的经验，这句话百分百正确。就像无法逃税一样，你也不能避免批评。的确，成功后获得的关注和反馈都是积极的声音，这是非常美妙的事情，而且似乎也更公平，难道不是吗？明明你付出了极大的努力，当那些批评者沉迷Xbox游戏时，你还在体育馆中坚持训练，所以他们应该对你更客气，这难道不是理所应当的吗？当你奉献一场精彩的比赛，他们就应该拍拍你的背，对你表示称赞。而当你发挥糟糕时，他们发表负面评价之前，难道不应该先深吸一口气，然后好好斟酌说出口的话吗？

遗憾的是，这些统统不会出现。批评就是你必须交的税，而且总是如期而至。你最好现在就接受这点，如同在做预算时提前把每年交的税计算进去，否则每次看到账单你肯定大吃一惊。

不过，这件事还有另一面。如果你遭遇了批评，哪怕有失偏颇，你也应该先冷静，表达感谢。因为这意味着你正在做正确的事情，意味着你没有失败，而是在某些方面取得了成功，吸引了他人的注意力。没有人会批评处于下风的人，也不会批评季后赛的八号种子，或者批评联盟中常年垫底的球队。这代表着什么呢？当你抨击大比分落后的球队或能力欠佳的球员时，这不仅显得很刻薄，同时也没什么意义。所以，在很多小型体育联盟中都有所谓的"怜悯规则"。反过来说，当你吸引了外界足够多的注意力时，自然也会引来批评，此时，你要做的就是不要被影响，而是去享受。这些批评也是你用表现赢来的。

如果你的税单金额特别大，这意味着什么呢？这意味着你赚了非常多的钱。这些年的职业生涯中，我就曾在拿到签约奖金和代言费时交过数额不菲的税，这的确令人难受。不过，之所以交这么多税，唯一的原因就是你挣得非常多。

只有不聪明的人才会抱怨随着好事一起到来的坏事。当遭到他人攻击和批评，这往往意味着你在有限的生命中完成了一些事业。同时，这也意味着别人关注了你，你在他们的生命中留下了印记，你的行动产生了一定的影响力。

当然，我希望你们在生活中体会更多的成功和欢乐，但你也必须明白，一个人取得的成功并不会让身边的每个人都感到欢乐。不是每个人都像父母无条件支持你，这就是一个令人悲伤的事实。看看NBA历史上的总冠军球队，就算最受球迷喜爱的球队，也有数以百万的人盼着他们输球。当他们失利时，这些人还很享受。造成这种现象的原因，还是因为他们失利的场面太少见。2015/2016赛季，勇士队常规赛拿到73胜9负的成绩，这意味着，起码在9场比赛失利后，一部分人期盼着勇士队再度遭到惨痛的败仗。还有2019/2020赛季，勇士队的战绩从联盟最佳一路下滑到西部末尾。虽然由于客观原因，那个赛季缩短了赛程，但对勇士队来说，那也是非常糟糕的赛季。

那个赛季，讨厌勇士队的人可以说是欣喜若狂。大家可能都喜欢看着别人从高处跌落下来，这种场面可能会令自己感觉好一点。

你取得的成绩越好，受到外界的猜疑与抨击也就越多。可能有"黑子"在社交媒体发表攻击性言论，可能有全国性媒体在节目中批评你。总之，你做得越多，被给予的期待越大，外界评价你的标准也就越高。肯定不会有人指责高一的孩子没打出NBA级别的表现，可一旦他展现超越现有水平的能力，或者有达到新高度的态势，外界对他评价的标准就将抬高。有时，他甚至会遭到队友和教练的批评，而这些人都是真诚希望他能打得更好。所以，哪怕他在训练中偶尔失常，大家也很失望，因为这些人知道他有能力做到更多。除此之外，他还会遭到很多嫉妒他成功的人的批评。反正就有这么一条规律：取得的成绩越多，评价的标准就越高，获得的批评也就越多。

在这个规律中，你觉得如今NBA谁是遭受批评最多的球员？肯定不是某支球队的第12人或者新秀，而是像勒布朗·詹姆斯或者凯文·杜兰特这样的球员。

谁都无法避免类似情况，就算是历史上最优秀的球星也不例外。当漫长的赛季进入最后的收官阶段，球员都会感到身体发出的筋疲力尽的信号，这是你从事篮球运动时不可避免承受的职业危害。不过，有些球员就非常善于扛过身体的疼痛。同样的道理，也有些球员比其他人更明白如何应对外界的批评，那就是只关注言之有理的话，这样就可以利用它们持续督促自己提高运动表现。至于剩下的批评，置之不理即可。想脱颖而出，一个重要的考核标准就是能否扛住压力。无论你选择什么方式，都必须承受。如果你想成功，最好赶紧适应，你必须利用批评让自己变得更强大。

应对批评的态度和方式有多么重要？它不仅影响你在场上或者其他领域的表现，更决定了你到底希望成为什么人。有些人会被批评带来的负面所消耗，导致成功的欢愉都被夺走。还有些人则干脆屏蔽所有的批评，这让他们变得越来越傲慢，觉得自己不会从批评中汲取任何营养。少数人能找到平衡点，用优雅的方式掌控批评，既有所收获，又不会被吞没。通常他们是最成功的人，大多数时候他们也是对自己最满意的人。

我曾努力地希望找到平衡点，既需要足够自信无视那些愚蠢至极的批评，又需要足够谦逊从充满智慧的批评中学习。这样的努力充斥了我职业生涯的大部分时间。相比联盟中其他的球员，我花费了更长的时间，因为他们很多人几乎一直都生活在麦克风围绕的环境中，而我当时还有些额外的保护。在德雷克*被大家所熟知之前，多伦多并不像如今充满如此多的批评声。

尽管如此，我还是很清楚被球迷的尖叫声所包围是什么感受。我在多伦多打球时，猛龙队是加拿大唯一的NBA球队，所以仿佛始终有一束追光打在我们身上。后来，到了迈阿密，从我、詹姆斯与球队签约，与韦德组队开始，我们好像成了全世界的焦点，全联盟所有的批评和恨意都朝我们袭来。这种情况让我花了一些时间才适应。

当时，我所遭遇的恨意除了来自球迷以及社交媒体上的陌生人之外，还有很多是退役球员。很多老派的NBA球员，比如巴克利、奥克利和皮蓬，他们在谈到热火队三巨头时会说诸如"我永远不会与另外两个

---

* 著名歌手 Drake，是猛龙队球迷。——译者注

第九封信：应对批评

人组队，我会尝试击败他们"这种言论，或者他们还有一句更简洁的评价："乔丹永远不会干这种事情。"我得承认，这些话戳中了我。因为在加盟热火队之前，我是一个场均可以得到19分和8个篮板的球员，所以，我的感受一度非常不好，感觉自己遭到的批评就是活该。更糟糕的是，虽然我觉得自己让球队产生了变化，但我觉得自己身为球员还是过去的模样。我依旧在球馆里努力训练，还是带着谦逊的态度积极比赛，也依旧努力与队友建立联系。但是，当深陷媒体营造出来的负面舆论环境里，再加上此前没有类似的体验，你绝对会不知所措。你自己可能都会认同那些观点，然后突然间你就成了反派。现在想来很可笑的一点就是，我还曾一度真的认为大家都会喜欢看我们在一起打球。可惜现实并非如此。

批评的言论我都看到了，有人喊我是"波什香料"，还有人说我是"伪硬汉"。《露天看台》还搞了系列报道，标题就叫《人人都恨克里斯》。天呀，这都是什么烂事？

当然，任由批评声击穿我的精神防线，真的让我在心理层面感到了深深的疲惫感。我希望摆出一副若无其事、不受影响的姿态，但这些批评理所当然地影响了我。我是一个正常人类，如果任何人跟你说他不受批评言论的影响，要么他在撒谎，要么他就是反社会人格。当年那支热火队，围绕着球队的批评声不绝于耳，如果你曾身处那种环境，很可能在比赛进行的时候就忍不住思考下一个球我到底能不能打进，如果比赛输了我在赛后和记者说些什么呢。哪怕比赛时间还有很多，这些想法也会不断钻进脑子里。

在社交媒体上引起轩然大波，迎着巨大的阻力前进，我曾一度享受其中，但在热火队时，我却无法让自己放松，我浪费很多时间思考诸如"为什么大家如此愤怒""为什么他们对一个从未谋面的人如此刻薄"。现在可能觉得幼稚，但对当时的我来说，感觉最难受的一点是外界的很多负面评价并不是关于篮球。话题的焦点不是我身为球员打得多差，而是讨论我是个非常糟糕的人。他们还谈论我的家庭、孩子、妻子，目的似乎就是希望队友反目成仇，或者让球员与教练为敌，又或者他们只是想让我们都感到自己在当下如此可悲。因为这些事情而烦恼，对任何人都是百害而无一利，同时还消耗非常多的精力与能量。

起初，我对这种情况的出现并不理解，还心生怨气。我当时还不明白，成为他人攻击的目标也是我签约热火队后的一部分工作。我感觉总有人不知道从哪里冒出来找自己的麻烦，而且我越想屏蔽他们的声音，他们就越吵闹。我打球不再快乐，而是带着怒气。我赢球的主要目的就是刺激那些人。这是一种很糟糕的情况，我距离自己打球的初心渐行渐远了。

那年总决赛输给达拉斯小牛队之后，好多天我都不想离开家，全队的气氛也非常低落。但是，我必须直面批评，在这方面，很多训练有素的球员很早就已经参透：无论你的态度如何，那些声音都会存在。这种局面，从我决定加盟热火队的那一刻就已经注定，我为自己的决定感到高兴，而且从篮球事业以及个人生活方面来看，这个决定也很符合逻辑。但凡事都有另一面，这个决定也让我变成大多数球迷眼中的反派人物。我没有办法获得大多数球迷的喜爱，就算我觉得自己有资格也没用。

但是，你们知道吗，当我意识到这一点后，却有如释重负的感觉。我不会在场上反复审视自己，也不会因为自己的选择而道歉。然后，我将节省的时间用来更好理解球队以及联盟，我将时间用在了回报更高的地方。这就是我希望告诉你们的经验，你在社交媒体上浪费时间，自然就没法在学习上花费更多时间。你是不是总说自己没时间看书，或者没时间拉伸，又或者没时间与队友好好聊聊？你当然没时间，因为你把时间都花费在了错误的地方。

说回我自己，当时的我开始把更多的精力投入令自己开心的事情上，也努力做一个优秀的队友。同时，我积极舍弃"人人都该喜欢我"的预期。于是，我迎来了自我转变的时刻，曾经那些令我感到痛苦不堪的能量，一下子都变成了动力，我在做人和篮球两个方面都迎来了提升。

在此过程中，队友也给了我很大的帮助。在热火队的第二年，我们彼此形成了默契，那就是无论外界的批评多么无理和不公，大家都不去评价和讨论。我们用集体的力量将批评隔绝，把注意力放在冲击冠军上。因为一旦讨论那些话题，最终只能停在恨意上。我们的目的不再是为了让讨厌我们的人闭嘴，而是为自己而战。

无论你在自己的联赛打球，还是在NBA球队，哪怕你没有在我们这样一支被视为全民公敌的球队中效力过，我觉得你也能够从我的经历中有所收获。面对批评和质疑的最好方式，就是明白这是必然存在的。

有人喜欢被批评吗？当然没有。打球的时候，我甚至都没遇到喜欢教练对自己言辞激烈的人。自然也不会有人在社交媒体就想听别人说糟心的话，这就好像没有球员在输掉比赛后乐意兴奋地参加发布会。如果无法忍受人们抓住你显而易见的错误和失败不放，我可以告诉你，与你有相同感受的人还有很多。

不过，讨厌批评是一回事，用正确的比赛态度和回应方式还击就是另一回事，只要方法得当，你就能驱散批评。我曾告诉你们，取得的成功越多，批评的声音就会越大，而你一旦明白这是不可避免的，你就能获得某种内心的平和。这是我的亲身经历，我不是靠"证明给批评者看他们错了"的驱动力战胜批评，而是我意识到无论做什么都无法逃脱上交"这项税款"的命运。所以，最好的办法就是提前想好应对之策。

你千万别把针对自己的负面评价当真，别往心里去。这种情况我在

冠军箴言：波什自传

　　大学和NBA见过太多了，很多年轻人面对铺天盖地的批评不知所措。"上个回合，你没看到底角队友有空位吗？""你为什么不能多罚进几个球？""你为什么不调整投篮动作呢？"，这些批评会出现在任何一项体育运动中。高中校队的橄榄球四分卫能听到整个镇上的人都在教他传球，国际象棋冠军的背后有非常霸道的父母。那些天赋出色的球员在职业生涯暮年肯定会听到ESPN《体育中心》的主播劝他们赶快退役，别再丢人了。

　　有时候，他人的话是想鼓励你。但也有些人，他们知道自己永远无法取得成功，知道自己永远无法登上冠军巅峰，如果他们在挑衅时你回应了，起码在那一刻，他们觉得自己风头盖过了你，这让他们感觉非常好。他们会和同伴炫耀："兄弟，你看到我骂他很烂的时候他有多生气吗？"甚至还有更糟糕的情况，有时候你可能听到一些不怀好意的人说种族歧视的言论，或者是仇视言论。这是为什么？

　　我也希望自己知道答案。面对这些，我能教你的就是，这些话不会真正影响你。我可以和你保证，这些言语让你内心感觉糟糕的程度，远不及说出这些话的人内心的黑暗以及悲惨程度。

　　说实话，我曾不止一次想冲上看台，将那些家伙对我做的事奉还给他们。但是，我还是在心里阻止了自己。当你把自己拉低到与他们同一个程度时，你其实是把自己的力量让渡给他们。当你达到最高级时，一定要明确一点，那就是很多的目光将汇聚在你身上，这是你很多行动的前提条件。

　　所以，作为运动员，你可以不理会大多数的批评声。免费的建议的确物有所值，但你在这个行业中越久，你就越能从那些噪声中找出真正对自己有价值的内容，也能觉察出那些急迫（自然也让你感觉难受）的批评声的意义。

第九封信：应对批评

社交媒体上的评价和言论，你可以把它们全部屏蔽。公开训练课上，坐在第三排的小孩对你喊叫的内容也完全不重要。三岁时抛弃你，却在你出人头地后重新回到身边、仿佛从未离开的父亲，对他就要保持警惕了。还有场上的对手，他们喋喋不休地说垃圾话，试图干扰你。所以，打球时我尽量拒绝看关于自己的新闻报道，无论正面还是负面的内容。根据我当时的表现，这些内容要么令我自傲，要么令我压抑，唯独有一点做不到，那就是帮我提升技术。无论何时，一旦我被噪声干扰，我就立刻提醒自己："迈克尔·乔丹也曾被骂过！在他第二个'三连冠'期间，有人说他太老了。如果他都遭到了批评，你也不会例外。想想奥尼尔和科比在职业生涯中听了多少来自外界的批评，太阳底下无新事，别计较了。"

如果你从事的是团队运动，道理也是一样。面对批评和指责时，把注意力更多集中在自己身上，而不是以团队成员的身份过分关注。团队运动非常复杂，胜利或失败基本不会归结于某个人的表现。如果有人对你说，球队输球全是因为你的错，哪怕你的确在关键时刻出错了，那只能说明他们对于运动和比赛的认识太肤浅了。同样的道理，如果有人试图给你灌输这种想法，告诉你无须关注队友的发挥，自己独得25分即可，这也说明他们对于团队运动认识不够深刻。

你还可以将媒体的声音屏蔽。你要明白，媒体工作的目的不是督促我们成为更好的球员，而是讲述故事，获取点击量和关注度。并不是说媒体就是敌人，没必要对记者采取一种敌对的态度，你和他们的区别仅仅是赚钱方式不同而已。大多数时候，他们的报道都很简单直接，通常都有明确的正派角色与反派角色，这样的写作方式能确保吸引大部分读者的注意。至于归为何种角色，你无法控制。所以，不要觉得他们在针对你，将其理解为媒体是在你从事的运动基础上开展的另一项赛事，他们在此过程中也同样付出极大的努力。记住斯多葛学派哲学家芝诺的一句话："最好用双脚去旅行，而不是用舌头。"这句话的意思就是，任何话你都可以说出口，所以在脱口而出之前一定要思考，不要因沉默而感到羞愧。

一旦你将无意义的批评隔绝，你认同的批评声就是真正重要的意见了。这就要聊到这件事的另一面，当你意识到自己无法阻止别人批评你，你就要锻炼自己从无意义的信息中提取有价值内容的能力。举个例子，教练很重要的一部分工作就是批评他人，历史上著名的教练尤其擅长提出建设性意见。一位好教练难道不能指出你哪里存在不足、哪里能够提高吗？这可是他们的工作呀。

作为运动员，随着你越来越成熟，你开始明白我前面提到的某些批评（注意是某些，而非全部），当你听进去之后，自己将变得更出色。你越成熟，越能从批评声中将能帮助你成长的部分摘取出来。你会明白，将所有的批评都归为别人的嫉妒是错误的行为。如果你真的将所有批评声都屏蔽，基本等于封印了自己的成长和进步。

用正确方式听取批评，这非常需要智慧，需要你好好培养自己的心智，这一点我们前面已经聊过。你不能只是被动接受，把所有批评照单全收，你必须思考。这条批评说得对吗？这是谁提出来的？背后的动机是什么？他们与我是什么关系？如果这是有意义的批评，我该如何行动让自己成为更好的球员？

筛选无意义的批评，与你选择在哪里获取新闻信息有很多相似之处。经常问自己："这个信息的来源是什么？值得我信赖吗？"我将自己信赖的信息源缩小到能够真心为我考虑的人——家人、密友、队友、教练和训练师。同时，有一点很重要，我鼓励我所信赖的人，对我实话实说，而且我用心聆听，哪怕他们的话伤到我的自尊心。我不会还嘴，也不会转身走开，更不会生闷气。通过这种方式，我打造了非常紧密的人际关系，他们直截了当地指出我的问题和短板，同时我也相信他们，知道他们不是为了批评而批评。

这本书也是如此。如果你读下来觉得还不错，有部分原因就是我把它送给我信赖的人读，他们很多人拥有与我完全不同的人生和工作经验。然后，我问他们："还有哪些部分可以提高？薄弱环节在哪里？你不喜欢哪些地方？"我也不是把所有反馈意见照单全收，但还是接受了很多，大家一起让成书变得更好。

优秀的球员能批判性地对待批评声，所以他们做任何事都很优秀。过去几个月，我一直在专心为你们写信，在这个过程中我听到一句话："如果有人和你说，你写下的内容有错误，他们通常是正确的。但如果他们告诉你如何改正，这些信息通常是错误的。"在我的写作情景中，这句话可以理解为，我写下的信件，其实是将我脑海中的想法用读者能够理解的方式表达出来。如果读者无法理解我想传递的内容，无论背后的原因是什么，那都是我的问题，我的工作就是把这些内容解释得更加清楚。与此同时，如果有人指出我在某个段落或某个句子里存在问题，这并不意味着提出问题的人知道如何修改。

哲学家亚里士多德说过类似的话："你不必非得成为一名鞋匠，才能分辨一双鞋是否合脚。"换言之，能够指出问题并不代表你有解决问题的能力。不过，换个角度来看，那些人就算没有解决方案，他们还是可以为你提出有价值的意见。指出问题和解决问题都很重要，我们需要在脑海中区别两者。

世界上不存在万能答案。再想想教练的工作岗位，就像我前面所说，教练总是希望帮助球队取胜，但是没有任何教练是完美的。有些教练会因为局面稍有不顺就变得疯狂，但谁都知道任何比赛都不可能完顺从自己的心意。还有些教练，他们非常没有安全感，如果你在场上没有执行比赛计划，他们会大加指责，可是比赛的人是你又不是他。还有教练，如果你能为他们打球是很幸运的事，他们批评你是因为希望你能成为更好的球员，而不是满足他们内心的需求。历史上优秀的教练几乎不会高声大骂。回想一下菲尔·杰克逊，曾执教公牛队和湖人队，你经常听见他在场边大喊大叫吗？

随着成长，你不仅需要学会如何接受批评，如果希望成为领袖，你还得学会如何正确批评。团队领袖很重要的工作就是在需要提醒队友的时候及时发声，这么做不是为了打击他们，更不是为了让他们感觉不好，而是让他们以运动员的身份获得成长。

优秀的领袖并非一直都在向外输出负面评价，他们能激励身边的人动起来。不过，他们做这些都基于基本的尊重，以及已经建立起来的人际关系。如果我在场上为你掩护时承受了对手的沉重一击，你一定更愿意接受我提出的意见，因为通过这个回合展现了我的态度，我与你站在同一战线上，并且愿意付出一切，为了我们获得胜利。在你做出正确的决断时，如果我给予积极的回应和称赞，你也肯定更愿意倾听我的话。此时，你可能收到我抛来的一个"指责三明治"，意思就是当你想批评他人的时候，将难听的话夹在两句称赞之间，这会让别人更容易接受。当然，并不是每次都用这个方式，但要有这种理念，同时看到好的一面与坏的一面，你整个人将变得更值得信赖。

当你受到批评，不管确有其事还是信口胡说，你心里肯定感到不爽。这种不爽可以是好事，因为它刺激了你，让你变得更加出色。或者它像很多无意义的苦难一样，就是让你感觉很难受。一旦这种情况出现，有种方式能够将不好的情绪赶走：一头扎进体育馆里，全身心打磨技术。无论何时，当我被批评所困扰，我就是这种反应。队友手感冰冷，却把责任甩到我的头上？我就多做几组卧推。有人在社交媒体上骂我？我就加练一百个罚球。以此类推，我不会带着愤怒做这些事，反而面带微笑。我之所以做这些，是因为我真的热爱这项运动。

当人们批评我的时候，我提醒自己一句非常有用的话："他们不过就是动动嘴皮子，而我在场上或者体育馆中所做的是付诸行动。"

我也会回顾一些针对自己的批评意见，但是，过程中有着严格的操作规范。我会在心里问自己："认真接受这条意见能否让我变得更好？会让我更接近球员的最佳状态吗？"如果答案是肯定的，那我欣然接受。哪怕言词苛刻，哪怕出自对手之口，哪怕我内心希望这是错误的评价，但我不仅能接受，而且对其充满感激。每位优秀的运动员都有这种想法。

不仅如此，其实优秀运动员都是对自己最严厉的批评家。因为他们很清楚什么批评能正中靶心，也因为他们对自己从事的项目有着最敏锐的感触。我也曾尝试这种做法。2013年东部决赛面对印第安纳步行者队，我当时打得并不好，外界评价我也心知肚明。系列赛第七战开始前，我决定在这场比赛挺身而出。我走到记者面前，在其他人批评我之前就先朝自己开火了。我向迈阿密的球迷道歉，向教练道歉，也向球队道歉。我说："让我们把话挑明吧，之前几场我发挥太烂了。没人比我更清楚，而我会调整过来。"人们因为我的真诚而震惊，也被我主动揽责的行为所打动。这不仅卸掉了我肩头的重担，也减轻了球队的压力，而且也让批评我的人失去了力量。那晚踏上球场时，我觉得自己如此轻盈，场上的一切也开始翻转。那场比赛，我的投篮手感还是很差，不过抢到了系列赛单场最多的篮板，正负值也是系列赛个人最高的+17。

总而言之，关于应对外界批评，你最需要学习的一点就是：最好的回应方式就是投入更多精力在自己的事业中。UFC的赛场上，达纳·怀特总是告诉拳手，不要将希望寄托在裁判身上。他的意思就是，要用击倒对手的方式结束比赛。这句话还有一层含义，那就是让自己足够出色，以此断绝一切关于赢家的争论。在NBA赛场上，在任何体育项目中，当然还有在日常生活里，你战胜批评的方式从来就不是与批评者进行争论，而是用自己的表现，以及最终的胜利让他们闭嘴。不要用言语证明质疑者错了，而是用你的行动。

说到底，言语是他们仅有的武器。在他们耍嘴皮子的时候，你才是那个绑紧鞋带、付出一切努力、忍受痛苦、可能面临失败的人。那些批评者永远不会拥有这些。

对这个问题做出最佳回应的人，可能就是西奥多·罗斯福总统，他关于如何应对批评的话非常著名，而这是有充分理由的。

"做出贡献的不是批评家，也不是指出强者如何跌倒的人，更不是那些指出行动者如何做得更好的人。功劳属于真正在竞技场上的人，属于那些脸上沾满了灰尘、汗水和鲜血的人，属于那些勇敢奋斗、犯了一次又一次错误和失败的人，因为任何努力都存在错误或缺点。但是他的确做了实事，拿出了自己的热情和奉献精神，为一个有价值的目标而努力。他内心清楚，在最好的情况下，他最终能取得极高的成就，同时他也明白，在最坏的情况下，即便结果是失败，那也是在带着胆魄直面失败。如此一来，他就永远不会与那些冷漠且胆怯的灵魂为伍，因为那些人既不懂胜利，也不懂失败。"

我无法说出更好的言语，所以我只能留下这么简单的一句："开口批评永远简单，付诸行动才最困难。"任何对你提高能力有帮助的事，额外的一组力量训练，额外的一组投篮练习，额外一小时的录像分析，都比一千句批评更重要，也更有意义。

克里斯·波什

第十封信：**为谁而战**

在我职业生涯初期，听到一句话，它很简短，但深深印在我脑子里："为球衣胸前的名字而战，人们才会记住你球衣背后的名字。"

说出来你们可能不信，但我的职业生涯印证了这句话的正确。几年前的一个时刻又是一次证明。

2019年3月26日，我走进美航球馆的通道，那是我走过了成百上千次的路。现场观众爆发了我此前从未听过的雷鸣般的欢呼声，或者他们以前也制造了类似的声浪，但在那个晚上，我希望自己沉浸在每分每秒中。

曾经，我走过这条通道出战重要比赛，也在观众的注视下赢得关键对决。我见过球迷们聚集在迈阿密的街道，与我们一起欢庆球队的夺冠。我也高高举起总冠军奖杯，让每个球迷都能看到这份荣耀。

而这一次，一切都不一样。

因为我不是来比赛的，我没有穿着自己的球衣，取而代之的是，我的球衣被放大了数倍，然后挂上了球馆的屋顶。迈阿密热火队将我的球衣退役了。只有极少数运动员，在做了很多正确的决断并经过多年的努力后，方能享受如此殊荣。

在职业体育领域，享受球衣退役殊荣的运动员都有一个决定性的共同点，那就是他们都有非凡的个人成就。走进任何一座体育馆或体育场，看着挂在穹顶上的号码，向球迷询问数字背后所代表的含义时，你通常都会听到类似"他就是一个杀手"或是"他在场上无人可挡"，以及"他就算今晚再上场也能得35分"的话语。但你大概率不会听到诸如"他让身边的每个人都变得更优秀"或"他就像胶水一样将所有元素黏合在一起"的描述，尽管这些也都是事实。

在我的荣耀时刻里，让一切变得与众不同的是热火队总裁、名人堂成员帕特·莱利挑选我的生涯光辉瞬间。他没有提及我命中的关键球，或者漂亮的数据，而是把时间拉回到2013年总决赛第六战的最后一刻。就像帕特·莱利聊到的，雷·阿伦在第四节读秒阶段投中了追平比分的一球，让我们有了逆转比赛并最终拿到胜利的机会。但在雷·阿伦投中那个球的几秒钟前，抢到进攻篮板并传球给他的人正是我。莱利将我的表现形容为："球队历史上最伟大的助攻。"

由于各种原因，在篮球运动中，与"伟大"这个形容词联系起来非常困难，所以成就伟大也很罕见。说起来，成为"伟大的队友"更容易，但现实中却更稀少。当我在2010年抵达迈阿密，与詹姆斯和韦德组成"三巨头"时，球队的情况可能会急转直下。当时，詹姆斯是联盟顶级巨星，但迈阿密还是属于韦德的城市，而且两人都喜欢有球在手。至于我，之前连续7个赛季都是猛龙队的头号得分手，就算谦虚点说，我也是一个"两双机器"。所以，我们凑在一起怎么打球？必须有人在球场另一端扛起防守大旗，同时需要有人站出来，在詹姆斯与韦德寻找磨合感觉时，确保球队的进攻不会停滞。这就是我的工作了，我就像一把椅子的第三条腿。当时有人称呼我是球队的"角色球员",这种说法并不正确,詹姆斯是角色球员,韦德也是角色球员,在一支获得最终胜利的球队中,每个人都要扮演自己的角色,每个人都需要找到自己的角色,同时还得保持步调一致。

组队第一年,我们遭遇了惨痛的总决赛失利,但我们已经打进了总决赛。因为输球,我们变得更谦逊,同时更坚强。结果证明,每个人都愿意为了队友多做一点,这让我们从一群天赋不俗的球员转变成一支真正的冠军球队。

这种说法现在听起来可能有点过时,毕竟如今NBA大多数有竞争力的队伍都是所谓的"超级球队",而当时的热火队的确是一边比赛一边试验。在"三巨头"之外,球队成功的关键就是队中拥有大批老将,他们都是非常可靠的队友,除了想打球、赢球和拿总冠军戒指外,他们别无所求。就算是我也需要找到自己的打球方式,也要明确在新环境中扮演什么角色,还得琢磨如何当好"椅子的第三条腿"。在此过程中,我从老将队友身上学到了很多,正是他们帮我从曾经的"多伦多之子"转变为热火队新角色。

这就是为什么在球衣退役的夜晚,我为自己身为一名出色的队友而感到更加骄傲。在帕特·莱利演讲的时候,我的孩子就坐在我的腿上,我希望他们能将这句评价印在脑海中。我也希望现在效力热火队的球员,以及每个看到这场退役仪式的球员都能记住这一点。

他们会永远记住我在迈阿密的那段生涯,并不是因为我打出了最好的数据,也不是因为我精心打造出了个人品牌,更不是因为我在比赛中比别人更拼命。他们之所以记住我,是因为我曾为这支球队而战。

以如此的身份被大家铭记,这是让我觉得最骄傲的事。

帕特·莱利也深知这一点,他与很多杰出的教练一样对此都有共识。优秀的教练不仅仅为球员传授基本功，或者在比赛中画战术，他们还启发技术出色的运动员，将自己的骄傲和自负放到一边，然后为了共同、更伟大的目标而凝聚起来。菲尔·杰克逊就非常清楚这个道理，"团队的力量来自单独的个体，"他说，"每位成员的力量组成了这支队伍。"湖人队在训练馆里印上了吉卜林的话："狼群的力量源自群狼，群狼的力量源自狼群。"K教练也有过类似的表达："在我看来，团队合作就是场上的五个人像一个人那样行动，这才是篮球运动的美妙之处。"

在我看来，团队的意义就是：收起你的自负，投身比个人更宏大的事业中。我立马想起了肖恩·巴蒂尔在场上跑动的样子，正因为他的行动，詹姆斯才拥有更多跑动空间。还想起他防守对方箭头人物的样子，正因为他这么做，詹姆斯才能获得喘息的机会。正是这样的牺牲，打造了更强的信赖。我记得杰夫·范甘迪曾说："不要让计划因你而失败，而是让计划在你身上无效。"换一种表达方式，如果制订的计划被证明无效，你的教练和队友可以一起想办法调整，只要你们步调一致，就还有改变的机会。如果一群人从一开始就失去了对彼此的信任，并不执行计划，那此后怎么调整都没有用。

如果你像我一样足够幸运，球队教练或其他导师级的人物让你明白了这个道理，你就会开始领略篮球运动的美好，而这种美好是自私的运动员永远无法领悟的。下面，我再给你讲述一段我经历了的美好时刻。

2013年NBA总决赛与马刺队的第七场决战，我们赢下了比赛。有个细节，可能除了我之外没人记得，我前面其实也提到过，那就是我在比赛中一分未得。我们赢了，但是我没有得分，而这种情况还不是第一次出现。

那场比赛给我上了一课，与大多数从小打球的孩子一样，我也总是

第十封信：为谁而战

幻想自己在总决赛第七战中将球队扛在肩上，带队拿到胜利，而且我还投进了最后的制胜一球。无论什么级别的比赛，每个篮球运动员都幻想这样的投篮，这是大家的共同点。就算在《空中大灌篮》的电影里，迈克尔·乔丹也投中了最后的绝杀球，这就是一种普遍现象。

而现实中的第七战，我的投篮没能进筐。我陷入犯规麻烦中，早早领到两个犯规，必须坐在场边。当我走向替补席时，我不自觉地将幻想中的第七战与现实对比。然而，就在我将变得更加灰心丧气之前，脑海中传来了老教练萨姆·米切尔的声音："如果你一分不得又会怎样？你依旧可以带动队友，依旧可以在防守端拿出强硬的态度，依旧可以在场上以身作则。"一场比赛有多个维度，也有多种闪耀的方式。无论选择哪种，你都要拿出百分之百的热情和努力，这才是成为出色队友所必需的能力。这种情况下，当取得胜利时，无论你是球队单场的得分王，或者仅仅只是替补，你都可以一起享受球队的荣耀时刻。

当我再次登场时，我必须继续盯防蒂姆·邓肯。当时我有另外的选择，那就是始终对前面的判罚耿耿于怀，并变得非常沮丧，从而无法在防守端发挥全力。不过，我知道自己必须做出利于胜利的选择。比赛中对邓肯的防守，我感到很满意，特别是考虑到我早早陷入犯规麻烦的背景，大多数球员在这种情况下都会变得缩手缩脚，而他们的对手则会更有侵略性。与此同时，我也没有沉浸在曾经对第七战的幻想中，而是在场上做出了牺牲，做一切可以帮助球队取胜的行动。当我捧起总冠军奖杯的时候，我根本不在乎自己得了0分还是50分。

我很庆幸，自己此前就有类似为球队牺牲的经验，同样的情况在我参加奥运会时就发生了。我被选入了2008年奥运会"复仇之队"，这支球队的目的是洗刷美国男篮在2004年雅典奥运会仅仅拿到铜牌的耻辱。为国出战的感觉很不一样，那也是我效力球队中最有天赋的一支。那支球队汇聚了科比、詹姆斯、韦德和卡梅罗·安东尼等，我当然得打替补了。我认真对待每分钟的出战时间，同时一直鼓励和支持队友，最终，我们把金牌带回了家。最后的金牌决战中，我在最后的关键时刻获得了上场机会，从1992年我观看初代"梦之队"赢下金牌后，这就是我一直所梦想的场面。

当球队中的每个人都拿出那种比赛态度，你内心就会非常清楚，这支球队是如此与众不同。反过来也是一样，如果球员对自己的角色感觉不适，球队就有麻烦了。我记得有一个队友，他就不肯接受本能帮助球队的角色。球队需要他掩护和抢篮板，结果他反复与教练争辩，说自己应该获得更多持球的机会，他也总想说服我们相信他有统治比赛的能力。当然，在NBA这个级别，每个球员都有这种能力，但他用自己的行动表明了一件事，那就是他不会为队友做出可能的牺牲。你能得分？那很好，但现在球队需要你挡拆和抢篮板。这种情况让我也开始思考：是金钱在作祟吗？是他们觉得得分越多工资就越高吗？现实或许果真如此，哪怕这就是你打球的动力来源，但你也要记住一点，没有什么能够与效力一支冠军队相提并论。

这的确是件小事，然而，就是这些小事积累起来，才会让成功的球队缓慢堕落。如果不是因为科比和沙克无法在一起打球，他们还能拿多少个冠军？还有詹姆斯和凯里·欧文，欧文在对阵勇士队的总决赛里发挥了现象级表现，在抢七大战投进了制胜球，结果他还是想摆脱詹姆斯的阴影，想拥有一支自己的球队，想成为独一无二的老大。

通过电视上观看比赛，这些构建起一支球队的小细节你是看不到的，这都发生在幕后。类似的事情包括但不限于：组织一次全队参加的晚餐聚会，队友投丢罚球后上前安慰，坐在板凳席上为球队加油。有时候，球队需要你上场得分，还有时候球队需要你在替补席依旧保持积极，哪怕你觉得自己更值得留在场上。这些叠加起来，再配上一群真心愿意为彼此牺牲的队友，才能构成一支真正成功的队伍。所以下一次，当你看到一位球员为了帮队友腾出空间而遭遇对手凶狠撞击时，或者当你听说蒂姆·邓肯主动降薪以此帮助波波维奇有空间签下更多有天赋的帮手时，切记一点，正是这些建队过程中的小细节，让此后更多的牺牲变成了可能。

当描述某个球员是一位优秀队友时，我们会说他们是值得信赖的人。你相信他们不会乱跑，肯定出现在战术要求的位置上；你相信发生冲突时，他们会站在身后支持你；你相信他们能为了胜利而牺牲个人数据；你还相信他们会针对你的表现提出建设性批评，不是为了打击你，而是让你越来越好。以这个视角来看，所有的训练、比赛以及赛季里的漫长赛程，它们的意义就是帮助你们建立起队友间的信任，让每个人在无须停下来思考的情况下本能地相信彼此。

而所谓的信任其实是相互的，你唯有给予他人，自己方能得到。当我在总决赛抢到那个篮板时，我就已经知道雷·阿伦会跑到哪个位置，我也明确知道他会投进那个球。同时，他也非常清楚，只要他出现在指定的位置上，我就会传球给他。建立如此程度的信任关系花费了整个赛季的82场常规赛，以及无数的训练。雷·阿伦在我们冲击第二冠那年加盟球队，我记得大家考虑最多的一件事，如何让他在常规赛期间就很舒服地找到他在轮转中的位置。他也做了类似我曾做过的那种转变，脱离昔日球队老大的身份，寻找全新的位置。所以，我一直都觉得自己的任务之一就是帮助雷·阿伦找到舒服的投篮点，为他抢下篮板，然后找到三分线外的他。我们建立的这种信任在最重要的时刻展现了价值，这个时刻就是总决赛生死战的最后读秒阶段。

当然，我并不是全靠自己领悟做一名出色队友的方法。我也观察了队友们，这群在我身边的人拥有不同的特点。每当我思考如何与热火队队友建立信任时，我就想起曾经的队友所传授的方法。

我想起了何塞·卡尔德隆，他与我在猛龙队一起打过球。看他在场上的表现，我会想到一个词——"纯粹"。他是一位纯正的控球后卫，总想着如何把队友调动起来，总在寻找传球机会。不管场面如何，他总是很积极，对比赛充满激情。他打球的时候每年都在进步，当年他刚从西班牙登陆NBA，很多人都说他水平不够，但是看看他的职业生涯：他打了13年NBA，拿到一次FIBA男篮世界杯冠军，还拿到了两枚奥运会银牌和一枚奥运会铜牌。

我还想到了德里克·马丁，他用实际行动告诉我如何在板凳席上以老将身份做好领袖。就算他上场时间不多，他也知道自己发挥的作用，那就是在危急时刻为球队提供能量和指引。他真的像老大哥一样保护着我，用行动告诉我如何训练，应该对未来有怎样的期待。他从不允许我偷懒，而且他也知道我想成长为联盟中成熟的球员，到底需要付出多少努力。

还有我的好兄弟迈克尔·库里。我和他只当了一年队友，但我俩感情很深厚。我记得加盟球队的第一天，他就给我发了一条信息："你有机会成为联盟中真正出色的球员，但是你需要付出足够的努力，下面这些就是你要做到的……"

不只是说说，他用行动展示给我。每天正式训练开始前，他都进行额外的投篮训练，也强迫我一起练习更多，哪怕我并不喜欢。这就是与队友相处的另一个关键：坚持不懈，让他们相信你会出现在那里，会每天付出努力，让他们知道你与他们持续沟通。如果你是老将，那就持续不断地展现领导力；如果你是年轻球员，那就持续不断地仔细倾听。

我非常尊敬迈克尔·库里，职业生涯初期，我内心还觉得自己是个孩子，正是他这个已经有了家庭，并且打了多年职业篮球的成年人，让我可以在他的羽翼下成长。除此之外，他还帮我远离麻烦。记得我们第一次客场之旅是去迈阿密，想必你们也能猜到，我当时迫不及待想一下飞机就去那里的夜总会玩一玩。并不是我对此多么疯狂和迷恋，但你知道，那可是迈阿密呀！结果，等我们在酒店安顿好，也都换上便服之后，他立刻把我拽到一边跟我说："走吧，年轻人，一起出去吃饭，你就跟我走吧。"

这也是做个好队友的方式。如果不是他，我那一晚说不定就陷入什么麻烦中了，说不定我就此偏离正常轨道，无法成为出色的球员。正是迈克尔·库里让我走在了正确的道路上。

同样的称赞，我还要送给另一位好兄弟——肖恩·巴蒂尔。大家都很了解他，他绝对是最好的"黏合剂型球员"之一。他是一位杰出的队友，非常无私。而且，他的好胜心与所有参与篮球运动的人一样，真正让他关心和在意的就只有胜利、胜利和胜利。

我曾问肖恩，为什么他总能成为出色的队友。这个问题听起来很古怪，但他还是告诉了我答案。他说那是他很早就学会的，可能在读一年级的时候就学会了。当时，他是生活在底特律郊区的混血小孩，家庭条件并不好。而他进入了一所全是白人小孩的学校，因为他的爸爸是非裔美国人，他是整个学校里唯一的混血小孩。再加上他长得很高，所以显得如此与众不同——混血、个子高、家里穷。

他从未真正融入集体，而融入集体可能是每个孩子最在意的事情了。这种情况下，他发现篮球能帮自己达成目的，这就是所谓的"社会生存"。他还发现，无论篮球还是其他运动，当他下场休息，或是队友主打的时段，只要球队最终取胜，他本人也能被队友接受和认可。所以，他很快总结了一个道理：与队友并肩战斗可以让自己找到归属感。

对于这一点，我深有体会。为了帮助球队赢球，肖恩·巴蒂尔愿意做任何事情。在热火队的每个比赛日，他需要降低重心，与那些身材更高大的对手肉搏。其中不乏扎克·兰多夫和凯文·加内特这种浑身肌肉、打法传统的球员。每个夜晚，他都要持续不断地经受这些人的冲击，因为这就是教练埃里克·斯波尔斯特拉所执行的战术体系。我们当时打"小球"战术，这就需要场上位置都是身材相对更小、同时速度更快的球员。肖恩很快明白了战术意图，并倾尽所能。他曾说过，自己进入职业篮坛后的策略是让每个教练离不开他。这也是为什么他在打过的每个级别的赛事中都能夺冠，不是他天赋多么高，而是他的智慧与行动力。每支球队都需要一个肖恩·巴蒂尔式的人物。

下一个我要提及的人，当然就是德维恩·韦德了。对于他，我送上多少敬意都不够，不仅仅是敬重他过人的天赋，尤其敬重他为"热火三巨头"成功而付出的努力。这些努力不是在场上，而是用多次聚餐，多次私下交流，以及多次训练磨合，将大家捏合起来，让我们找到配合的感觉，找到属于自己的新角色。韦德是主导一切的人。就像我前面提到的，迈阿密是他的城市，所以他要先站出来，让每个新队友都有宾至如归的感觉。

这不仅限于篮球。要知道，在聊了相关的话题后大家都会厌倦，这时候，有人问："嘿，伙计，你的生活里除了篮球还有什么？"对于韦德在场上的能力，大家心知肚明，但你们更应该看看他在场外的表现。他绝对是一个真正的领袖，是那种在背后激励你，让你发挥最大能力的人。同时，你可以随时找他，与他聊任何话题。

不过，当你像我一样在联盟中征战足够长的时间后，你会发现一件有趣的事。此时的你环视四周，突然发现身边的年轻球员开始向你寻求帮助和指导。在自己还没有明确意识之前，你一下子就成了某些年轻人的偶像。当我走到职业生涯的这个时间点时，我觉得自己非常幸运。当我回望自己的来时路，可以看到过去那些杰出的队友，他们用行动为我做出表率。

如果真的有年轻人通过看我的比赛和训练来学习的话，我希望他们能够学到一点，那就是篮球是一桩生意。每当有球员被交易时，这句话总会被提起，它的目的就是告诉每个人别太感情用事，球队总经理可能并不是很在意你。但我想表达的不是这个意思，我想告诉你的是，我们不过就是在工作，而且每天必须做，一天都不能浪费。我很清楚，能在工作的时候休息一天，这是多么有诱惑力的事，不管是训练中，还是常规赛的两场比赛间，你可能会对自己说："哎呀，不过就是浪费了一天时间而已。"

但是，这是一个生意场，这是我们的工作，也是我们生存的手段。如果我们休息了一天，有一点可以肯定，那就是我们的竞争对手不会这么做。所以，我总是督促年轻球员前进，就像当年那些老将督促我一样。我之所以这么做，那是因为我希望我们可以赢到最后。与此同时，我也发自内心地关心年轻人的前途，在事业刚刚起步时，如果有位老将关照你和指引你，这能起到的作用我心知肚明。

我记得一位队友曾对我说："我就是希望看到你把球打好。"这句话烙印在我的脑子里，同时，我也努力地想要让年轻队友意识到，我对他们的希望也是如此。这就是所谓的队友，希望球队中每位球员，都是表现优秀的那个人，而并非仅仅是他自己。

凡事都有反面，可能橄榄球队中，那些征战多年的四分卫与球队新秀之间就有永远无法调和的矛盾。很多四分卫有一句口头禅："我不是来这里当导师的。"他们觉得，年轻人需要用表现争取属于自己的位置。

我并非要批判这种心态，因为我非常能理解，这么做绝不是因为他们只关心自己的利益。就我个人的经验来看，培养年轻球员的确非常困难，特别是一些老将，他们还担心自己的位置会不会被抢走，你不能因为这种心态就批评他们自私。对我来说，还有一个特别的原因，我天生是个内向的人，让我打破自己的保护壳需要花费很大的努力。直到现在，我也希望曾经的自己能更健谈，能与队友多多交流，能够多参加球队聚餐，我还希望多传授一些经验给年轻人。虽然有遗憾，但我的确还是走出了自己的舒适圈，这也是令我感到骄傲的事。

　　前面我列举了曾经帮助、鼓舞和激励自己的队友名单，我希望自己也能出现在其他人类似的名单中。我希望自己将别人传授给我的经验发扬光大，这些经验不仅是篮球运动中的小技巧，还有如何做人的道理。有人说，人类的大脑会一直提升和进步，直到年满25岁。其实，大部分NBA球员在进入联盟时都很年轻，所以他们还有很多需要打磨的地方。他们不仅要学习如何更好地成为职业运动员，更要学习如何做好一个人。我希望在这两方面都为年轻人提供帮助，就像当年我的老将队友为我做的一样。

　　最关键的一点就是，我希望他们可以信赖我。就像前面所说，没有信任就谈不上团队合作。我从来不希望自己成为华而不实的人，而是要做踏实、可靠和值得信赖的人。我也一直全力支持队友，关键时刻我会毫无畏惧地站出来，我不希望他们对我产生怀疑，哪怕一秒钟。无论什么场面，无论多么重要的比赛，我都想让他们明白，我可以为他们再传一次球，再多做一次掩护，或者做任何为取得胜利而必需的行动。

　　只要迈阿密热火队还继续留在篮球圈，我的球衣就会一直挂在球馆屋顶。同时，我更希望那些与我做过队友的年轻人能够记住我，在我看来，这件事与退役球衣的重要性旗鼓相当。同时，我也希望年轻人能将这个传统延续下去，当他们成为老将的时候，继续指导更年轻的球员。

　　谁都无法预料体育会带你走向何处。也许你会像我一样，在成为职业运动员后，发现自己需要暂时停下脚步。也许，你在高中或者大学成为球队的领袖人物。无论哪种情况都不要紧，你应该学会一项技能，一项由运动传授给你，而且你也理应终生不弃的技能，那就是成为好队友的能力。

　　成为对他人有用的人，期待他人变得更加优秀。在帮助他人的过程当中，帮助自己变得更好吧。

克里斯·波什

第十一封信：**看淡胜败**

我知道你们可能没有读过太多的诗，这没什么，大多数的诗也不符合我的口味。

但有一首诗深得我心，这就是由鲁德亚德·吉卜林创作的《如果》。他写诗的目的是为儿子提出一些建议。作为运动员，也是一位父亲，我非常喜欢这首诗。简单来说，这首诗列举了你将自己视为成熟的大人之前必须做的事情，还有你必须磨砺出来的心灵力量。这首诗很经典，你们应该从头到尾读一遍。

现在，我只想重点聊诗中的几句。对运动员来说，这几句诗听上去可能像一种诅咒，这也恰好是我想与你们聊这首诗的原因。把很多根深蒂固的想法摆到台面上讨论，这是非常有挑战性的一件事。同时，了解真相并不是那么美好的一面，这也是很有必要的。

我要聊的几句诗是这样写的："如果你遇到了成功和失败，务必对这两个骗子一视同仁。"

这句诗的中心思想是在谈论胜利与失败，而它要告诉你——不要让两者中的任何一个改变你。记住，任何一个。

在人生的某个阶段，我可能觉得说出"成功和失败没什么区别"这种话的人，本质上就是输家。只有输家才会找借口，说自己已经倾尽全力。赢家终究是胜利者，这难道不对吗？

就像人们经常说的："胜利不是一切，但却是唯一的追求。"是这个道理吧？

然而，经过了这么多年，我赢了很多次，也输了很多次，所以，我对这个问题有了不同的看法，也有一定的可信度。所以，请让我来解释一下自己的看法，以及吉卜林诗中所蕴含的人生智慧。如果你能理解，你在生活中也会更快乐。而且，有些出乎意料的就是，它可能帮助你多赢一点，少输一点。

刚刚进入联盟时，对我来说，如何面对输球是件很困难的事情，当时我们赢球的次数寥寥无几。不过，队友告诉我时至今日还记得的话："不要自满自夸，也不要妄自菲薄，保持中庸。"

在联盟中这么多年，你必须学会如何让自己的生活继续下去。无论场上还是场外，也无论比赛的结果如何，你必须能够同时掌控胜利和失败，你也必须避免被结果狠狠打倒，或者被其高高捧起。如果最后7分钟还领先15分的比赛被逆转了，该怎么办？这样的结果肯定令人尴尬，但你最好赶紧翻篇，因为在一两天后，你还得继续比赛。

"别自满，但也别太自卑！"就是这种心态，可以避免一场失利转变成一串惨痛的连败，也能避免一场大胜带来破坏性的过度自满。

我聊过很多在热火队拿冠军戒指的故事，之所以反复提及，因为那的确是我生命中最值得铭记的瞬间之一。你一定见过很多球队夺冠后的视频片段，里面肯定有队友间喷洒香槟、欢呼庆祝的场面。作为经历这样场面的人，我可以说一些镜头没拍摄到的内容。身处那样的环境里，

第十一封信：看淡胜败

你会有一种多年来的梦想成真的感觉，而且那些梦里的场景还在眼前实时上演。在体育比赛中，当计时器归零的一刻，你立马就能知道谁输谁赢。如果你是最终的赢家，在那一刻，你会进入大脑空白的状态，而且谁都无法夺走这种感觉。这种感觉，可能是你人生中的巅峰时刻。

但是，让我讲述一段失败的过往吧。2003年3月，在NIT*的四分之一决赛中，佐治亚理工输给了得州理工。那是我作为大学生球员参加的最后一场比赛。当然，我们参加这项比赛时本身就有点不在状态，在此前NCAA比赛中，我们并未打进全国锦标赛。那个赛季，我们的胜率仅仅超过五成，所以大家也都清楚，我们没机会打进NCAA的四强，也没机会以冠军身份剪掉篮网。我当时很明确自己将参加职业联赛了，所以最后一场比赛的终场哨响起时，我的心态还很积极，甚至开始展望职业道路了。我前面也跟你们解释过，对我来说，大学篮球在很多方面并不轻松，所以无论结局如何，我也算迎来了人生一个篇章的结尾。

这种失利，算是无法挽回的遗憾。因为我不仅无法在赛季结束时剪下篮网，更明白自己永远错失了这个机会。每个对大学篮球怀有梦想的孩子，可能都看过冠军赛结束后那段名为"闪耀时刻"的混剪片段，伴随着胜利球队的球员戴着冠军帽、穿着冠军衫的场面，加上每个人手里都拿着一段亲自爬上梯子剪下来的篮网，欢庆的气氛也就此推向了高潮。如果我和你说，虽然我没拿到最终胜利，甚至连冲击冠军的机会都没获得，但我并不是很难过，我一定在撒谎。

我拿过重要的胜利，也在关键比赛中输了球。但你知道我在胜利或失败后都会做的一件事是什么吗？从很早开始，在任何一场比赛结束后，无论比赛结果如何，我都会像真正的职业球员一样，重回训练场训

---

* 全称为National Invitation Tournament，一项由NCAA举办的全美大学篮球比赛。——译者注

练，观看比赛录像，听教练对我比赛表现的反馈。我还会将自己的心思对准下一场比赛，哪怕我可能等到全新的赛季才会迎来下一战，我也会做好准备。如何弥补一场失利？最好的方式自然就是赢球。那如何证明刚刚的一场大胜不是偶然？最好的方式就是再赢一场。

你想在一场大胜后欢庆吗？当然可以了，我也乐于欢庆胜利，谁不喜欢冠军游行呢？更别说你还是赢球的核心人物。不过有一点你要谨记，胜利会让你成为巨大的靶子，当你在肆意欢庆的时候，其他人可都在默默准备。

你想在一场大败后昂起头吗？这当然也可以了，你无须得到我的许可，因为我很清楚输球会让你多么难受。不过，你在失败的苦痛中多沉浸一天，训练时间也就少一天。而只有训练，才能抹平输球带来的痛苦。

我所说的这些并不是淡化输球的疼痛感，只要站在场上就可能会输。任何比赛都是如此，任何人也肯定经历过失败。比如，你没考上理想的学校、心仪的人拒绝你的约会邀请等。但运动员所经历的失败往往更有戏剧性，因为体育领域的失败都是无法否认的结果，失败实在没法与胜利画上等号。而且，运动员往往都是在观众面前遭遇失败。这就是为什么大学生球员"疯狂三月"的比赛淘汰后，他们会坐在替补席上不断啜泣。还有很多孩子，他们在青少年联赛中输球后会直接崩溃。你无法将自己从刚刚发生的事情中剥离，输了就是输了。职业球员可能不会那么频繁地崩溃和哭泣，但这种情况并非不会出现。每个人在成为职业球员的过程中都经历了太多事情，也输了很多次，所以就算我们没有崩溃，那种伤痛感依旧存在。

而且记住，一场重大失利所带来的方方面面，都与一场关键胜利完全对应且恰好相反。

第十一封信：看淡胜败

最近几年令人印象最深刻的进球之一，可能就是2019年季后赛，莱昂纳德在面对76人队的系列赛第七战中投进的制胜球。你的脑海中可能已经浮现出画面了——他在底角从乔尔·恩比德的头上投出了一个超远两分，那个球几乎碰到了篮筐每个部位，然后掉了进去。因为那个球弹跳的时间那么长，所以莱昂纳德就一直蜷缩在底线外，看着球掉进篮筐。在我亲眼或通过电视机看过的数百万个回合里，疯狂程度能与莱昂纳德这次绝杀比肩的进球，我一只手就能数出来。那可是个压哨进球，而且还是在季后赛抢七大战中。

不过，现在请试着代入另一支球队的视角，也就是76人队。他们在那轮系列赛开始前并不被看好，可他们还是与当年的总冠军队伍打得不分上下，真正意义地杀到了最后一秒。而且，他们在最后那个回合中防守也非常不错——如果你可以迫使对手像莱昂纳德投出最后一球那般进攻，那么你在防守中的表现真的是可圈可点。76人队做到了该做的一切，只可惜还是不够。

我也经历了类似的场面，那会给你一种超现实的感觉。你会对自己说："我们刚刚打得真不错，但我们最后是输了吗？"令情绪更浓烈的就是，摄像机镜头捕捉到了终场哨响起后泪流满面的恩比德。我也有类似的经历，这绝对是你人生中最原生态，也最情绪化的瞬间，并且这一幕还出现在全美直播的镜头中。

不过到了全新的赛季，你就必须重新出发，并且要实现强势反弹。恩比德就是如此行动，这也是他必须做的事情。

记得一位知名的音乐人曾告诉我："如果我在录音棚里做出一张超棒的专辑，这就是我的胜利方式。不过，我做这些的过程并不会被所有人实时看到。可你们却是当着所有人的面拿到胜利，这点可太爽了。"是的，的确如此。但我们输球的时候也一样是当着所有人的面。当你在

冠军箴言：波什自传

体育赛事集中的时间段打开电视，大多数时候可以看到数百位正值竞技状态巅峰的运动员遭到对手痛打，而且他们还要接受这些都立刻呈现在你面前的事实。

我很清楚这是怎样的感觉，因为我就曾是被痛打的一方。加盟热火队的第一个赛季，我们在2011年总决赛中输给了达拉斯小牛队。小牛队的几位明星球员在此前打进过总决赛，包括德克·诺维茨基、杰森·基德、杰森·特里，但结果他们输了。如果说小牛队在那年有什么额外的动力，那就是他们上次打总决赛时输给了热火队，所以他们要为曾经的失利复仇。

相比我们，小牛队的球员对总决赛有更深刻的理解，他们或许也意识到，这可能是他们最后一次打总决赛的机会，所以都带着别样的紧迫感。那些五五开的球，比如某个地板球，或者争夺激烈的篮板，他们都会去拼，都比我们更努力一点点。在系列赛过程中，这些细节逐渐累积，50%对50%的概率就变成了51%对49%的概率。他们非常清楚失败带来的感觉，所以他们表现出来的态度就是再也不想体会那种疼痛。他们最终能够赢下系列赛，这是一个重要原因。

与此同时，我们的思想没有达到相应的高度，不足以应对那样的压力。当我们赢下系列赛第一战时，我记得自己有一种"稳了"的感觉，就好像我们已经完全掌控了系列赛一般。后来，在输掉第二战后，一股巨大的失望情绪在队内蔓延，仿佛我们将一切都搞砸了。我们情绪的高点过高了，而情绪的低点又太低。一支球队非常需要持续的稳定性保持场上的掌控力，然而，当时的我们完全没有了稳定性。整个系列赛的过程中，我们面对一支更成熟、精神更稳定的队伍，这是两队之间最大的不同。现在回望与小牛队的总决赛，我觉得我们最大的弱点是缺少弹性，无论心理层面还是身体层面都是如此。

时至今日，我还记得输掉那轮总决赛，仿佛让我再次回到了10岁。离开球场时，我好像听见有人说："祝你来年好运。"我也不知道为什么，但这句话令我的情绪当场失控。我想起了自己付出的努力，想到了人们的质疑，还有刚刚过去的漫长赛季——这些让我瞬间崩溃。我一辈子都梦想着能打进总决赛，可没有一次设想自己会把一切都搞砸。这就是我们当时的感受。如果有办法能让这种内心的疼痛感消失，我愿意付出任何代价。可是，还有更糟糕的事情，那就是我在全美直播的镜头里哭了。我感觉太丢脸了，地上如果有个洞，我恨不得立马钻进去。

可是，这反过来也成为动力，成为我们在随后一年一路高歌猛进的重要原因。

失败带来的疼痛感如同火箭燃料。如果你不能将其控制，它就会将你炸飞，将你毁灭。不过，如果你能做好防护，加以疏导，并在正确的时间点燃它，别人就要小心了。

如果你真的能够控制好，那失败带来的激励将超过一切。你感受的疼痛感越强，其带来的激励效果就越好。你会铭记那种感受，肯定不想再次品尝那种滋味，所以你会更加努力训练，多做几组力量训练，还会提前一小时进入体育馆。年轻时，我失败后的感受——不仅仅品尝失败的苦涩，也会对自己已经付出的额外努力产生怀疑。后来，我意识到一点，无论自己认为多么值得胜利，失败带来的疼痛都不会受自己控制。但你可以控制其他方面，那就是付出多少额外的努力。你可能会说："这些冲刺跑训练太痛苦了。"那你追问自己："这难道比输球还痛苦吗？"答案自然是否定的，所以立马回去训练吧。

近几年，我觉得最"臭名昭著"的一场篮球败仗发生在2018年NCAA全美锦标赛中，当时，身为1号种子的弗吉尼亚大学输给了16号种子马里兰大学。弗吉尼亚大学输了比赛，甚至是以20分的巨大比分惨败。

冠军箴言：波什自传

的确，弗吉尼亚大学的核心球员在比赛前几天遭遇了伤病，缺席了那一战，但他们也不应该输球，特别还是以那么悬殊的分差输掉比赛。想象一下，以后提到这段历史，身为亲历者的你都要回想一遍，这是怎样的一种羞辱。但是，后面的事情大家可能都耳熟能详了，弗吉尼亚大学卷土重来，在第二年一路赢到了最后。

弗吉尼亚大学主教练托尼·本内特对这两场比赛的评述让我觉得自己无法超越，他说："所有的嘲笑、批评，我们虚心接受，所有在那一刻发生的事情，时至今日也如此清晰，也让我感到物有所值。如果你学会正确面对逆境，逆境就会变成一张门票，让你进入那个通过其他方式所无法抵达的地点。"

我很清楚他在说什么，因为我也靠自己的力量拿到了这样的门票，当然，也是付出代价后得到的。毕竟经过了漫长的职业生涯，你不可能没有任何收获。美国职业体育联盟中，篮球联赛（与冰球联赛并列）每个赛季的比赛场次仅次于棒球联赛，以每年82场排名第二，而这还没算上季后赛。至于我本人则是打了13年职业篮球，累计出战场次达到了982场。其中，我输掉了437场比赛，包括32场季后赛。如果算上整个篮球生涯，包括AAU业余联盟、高中、大学、职业队以及国家队比赛，我已经数不清自己输掉了多少场。我不会说自己习惯失败，但是我对失败的认知非常充分。

如果你是名运动员，或者你希望在某个领域有所成就，你就必须做到这一点。

失败依旧是你的敌人，但是，一旦争斗结束，你就需要学会如何面对失败。NFL球星佩顿·曼宁创造历史上最高的传球成功率，但是这个数字仅为65.3%，他在职业生涯中251次传球被对手抄截，其中一些传球失误直接导致球队输掉比赛，甚至导致出现令人心碎的局面，直接终结了

第十一封信：看淡胜败

球队整个赛季的努力。

熟悉棒球运动的人肯定知道，击中那颗小白球多么困难。如果你在美国职棒大联盟拥有40%的打击率，那绝对是名人堂级别的球员。上一次做到这点的球员是泰德·威廉姆森，而那几乎是80年前的事情了。可即便你取得了如此疯狂的成功，你10次站在打击箱中也有6次无功而返。就算泰德·威廉姆森，失败的次数也要比成功的次数多。

马克·扎克伯格身价数十亿美元，但身为CEO的他还是在2018年7月26日见证了历史上单只股票最大的跌幅纪录——一天内蒸发1200亿美元。身为CEO的他成功地以低价买下了Instagram，这被视为现代商业领域最成功的收购之一。同时，他却多次尝试收购Snapchat未果。在这个世界上，从来没有任何一个国家、一位将军、一个领袖或一支队伍能够保持着全胜纪录，从来没有。

你希望干出一番事业？那就做好失败的准备，而且这些失败是疼痛、无法回避、直接暴露在公众面前的。只有比同一领域中的大多数人准备得更充足，你才有机会。

我不知道对大多数球员，还是正在读本书的你来说，学会这一课是多么困难的，但我用亲身经历告诉你，这门课对我非常困难，我是一个讨厌失败的人。在成长过程中，我品尝了太多的失败，我也花费了好多年才学会面对失败，真正成熟到可以直面失败。小时候，我每次遭遇失败后都会哭，爸爸一度觉得我有某种障碍——这是真事。后来进入青春期，我不再哭了，就剩下单纯的气愤。

在这么多失败中，有一次真正刺痛了我。在高中时，我们一年里取得了32胜2负的成绩，所以我们的目标就是夺得州冠军。但是，在最终四强战中，我们输给了圣安东尼奥的拉涅尔高中。怎么说呢，那是一个我们从没放在眼中的对手。然而，拉涅尔高中在前一年的决赛中输球，所以他们有着更强的求胜欲，毕竟他们体会了失败的感觉。我们此前没有类似经历，遭遇那场失败后，我们全队，或者说起码我个人有点蒙了，我并不知道失败的疼痛会如此剧烈。这种疼痛中有一部分是尴尬，我的同学、朋友和家人都看到了我的失败。另外，这种疼痛中还有一部分是羞耻。无论它由什么构成，失败的疼痛始终持续着。

随着心智成熟，我慢慢明白了一点，那就是接受失败并不会让自己变成失败者，而是让自己变得更勇敢。你必须将自己拥有的一切都拿出来，同时，你还得清楚认识到这些可能也不足以让你笑到最后。失败的疼痛越强烈，你冒的风险就越大。于是，我领悟了一个道理，经历失败还能卷土重来，需要拿出真正且成熟的勇气。

面对失败时，有些人自动产生一套防御机制。比如他们会说："哦，这件事并不那么重要，现在这个结果也挺好，我没事。"还有很多人会在失败后找借口，要么说运气不好，要么怪裁判的判罚，或者推到教练的比赛安排上。更多人会在失败后责备他人，而不找自己的原因。这种情况我很熟悉，虽然不是值得骄傲的事，但我承认自己也做过类似的事情。同时，我也见过队友指责别人，甚至责备教练，或者找其他理由，比如没睡好等。这种理由我也找过，说到底，这么做其实就是在刻意躲避真相。面对事实非常需要勇气，而事实就是：你输了就是输了。大多数时候，你就是实实在在被击败了。承认这点吧，然后赶紧想办法如何能在下一次做得更好。如果遇到类似的情况就指责别人而不是正视自己的问题，你其实就失去了一次变得更好的机会。

就算你在比赛中遭遇了错误判罚，面对现实也同样重要。如果一直把注意力集中在错误判罚上，你就是丢弃了能让自己充满前进动力的"燃料"。这个"燃料"会在你的下次训练，甚至下赛季为你提供能量。你无法控制裁判是否会在关键时刻响哨，但是你可以控制的是将自己精神能量投入哪个方向。

当你失利后,说出下面的话需要勇气:"你知道吗?这感觉一点都不好,烂透了。"你必须吞下失败的苦涩,并将其转化成动力。然后,你也必须做好准备,全身心投入其中,同时,还不能对再次失利从而品尝痛苦产生恐惧。

只有这样,你才能慢慢明白如何从失败中学习经验,学会如何从中受益。其中,有一个非常重要的平衡点,那就是你需要学会优雅地接受失败,同时永远不让自己习惯失败。任何人都可能失败,但想优雅接受失败,真的需要很强的心理承受力。

那么如何做到这一点呢?经验就是最好的帮手。你需要明白一个道理,不管结果是输还是赢,你都还是你,也就是说,不管最后记分板上的结果如何,你都可以为自己的表现感到骄傲。践行这一理念,很多人的方式就是说"我的表现没问题,这不过是一场普通比赛而已",我不是要你这么做,而是希望你明白,比赛的重要部分并不是仅仅因最终的结果而盖棺定论。很多东西比胜负更重要,比如,站在赛场上就是值得骄傲的事。你出现在赛场上,就已经承受了失败的潜在风险,并且你也为此付出了所有。反而,大多数观众席上的看客都没资格这么说。无论结果如何,在场上全情投入就是一份荣耀。

如果最终你取得了胜利,感觉就会更好。不过,如果你不知道失败是什么感觉,又怎么能体会到胜利的特别呢?就好像没有冷,哪有热,没有黑暗,哪有光明,对吧?所以,没有失败,也就没有胜利。而且令人颇为沮丧的就是,胜利远比失败更加难以掌控,其带来的负面影响也更令人难以察觉。

回看职业生涯,我曾先后四次打进NBA总决赛,分别是2011年、2012年、2013年和2014年。这几年,我们输了两次,赢了两次。在外界来看，那两年我们的最终结果都一样，都拿到了总冠军，其实，我两次捧起总冠军奖杯时的感觉却完全不同。

2012年那次夺冠，我的感觉更多是一种如释重负。我们驱散了一年前总决赛失利后始终困扰自己的心魔，也让那些说我们太自私、无法取得成功的质疑者闭上了嘴。同时，我也让自己身体里的"批评家"闭上了嘴——就是那个每次发挥糟糕，或者陷入投篮低潮时就会跳出来，说我永远无法到达顶峰的声音。所以，2012年总冠军就是一次证明，证明内部和外部的质疑者都说错了。

不过，从组队之初，我们的目标就不是仅仅拿下一个冠军，而是夺得多次冠军。所以，我在夏天享受了一阵儿胜利的喜悦后，就再次返回体育馆训练了。

全队都很清楚，比赛一年比一年更难打，不仅仅是因为我们又都老了一岁，也不仅仅因为可能出现的自满情绪，而是因为联盟中球队越来越了解我们，也越来越针对我们。如今，我们已经是冠军了，人们会期待更多，也会对我们恨意更深。当我们不被看好，或者只是一支年轻队伍时，大家可能不会太注意，一旦拿了冠军，我们就会被放到显微镜下观察，直到别人将我们击败。如果觉得赢了冠军也就自然赢得了他人的尊重，那就错了。如果认为别人会就此俯首称臣，那也错了。现在，所有人都将枪口对准了我们，他们都想把我们从王座上赶下去。负面评价和质疑的声音也会再次冒出来，他们想方设法证明我们的胜利仅仅是侥幸，或者认为我们的成绩与曾经的伟大球星无法相提并论。

这就像在跑步机上跑步——想卫冕成功，你必须做得更好，跑得更快，才能确保自己留在原地。同时，我们还要与新来的队友（比如雷·阿伦）磨合，学会如何与他们在最高水平的比赛中建立默契。

所以，当我们克服上面这些困难，并在2013年蝉联总冠军后，我对当时感受的最好描述就是"欢欣鼓舞"。可以确定的是我们的成功并非侥幸，还有一点可以确定，包括我在内的所有球员在连续两年的时间中压制了自负情绪。我也明白了成为团队型球员是什么感觉，并且我看到队友的牺牲也都有了回报。这很难用语言描述，总之就是，2012年，我的感觉是我们终于赢了；而2013年，我的感觉则是我们就是赢家。

记得在最后一场比赛结束后，我哭了。不仅是我，很多队友都哭了。以前看电视转播，我曾不止一次地想："这些人到底为什么哭？"好吧，这回我知道了。在赛季过程中，你压抑了很多情绪：自我怀疑、担心自己过去的表现只是侥幸、身体和精神上的双重疲惫，而在夺冠那一刻，所有的情绪都从体内喷涌而出。

那是非常美妙的感觉，但也会让你处于危险境地。后面的事情你们都知道了，我也一直对此耿耿于怀，那就是我们没能靠这套阵容再度登顶，之后一年的总决赛，马刺队只用5场比赛就击败了我们。

约翰·伍登教练曾说："赢球需要天赋，卫冕需要个性。"想要成功卫冕，你必须在求胜欲望和豪情壮志大幅缩水的情况下，推动自己扛过逆境。你无法再用"证明自己"作为驱动力，因为你已经证明了自己。此时，你必须将自己对伟大的向往，对尽可能延续竞技巅峰的渴望当成驱动力。同时，随着成功次数的累加，你能够获得的外部动力也在不断减少，最后，你能依赖的只有内心对伟大的向往。1987年，在湖人队夺冠游行上，时任球队主帅帕特·莱利走到舞台上说："我们来年再拿一个总冠军。"球队还在对第一个冠军进行欢庆时，他就许下了成功卫冕的保证。这简直太疯狂了，或者说太狂妄自大了。但是，莱利很了解自己的队伍，他知道队员能够接受这个挑战。对于还想着好好度过休赛期的球员来说，莱利的表态肯定不受欢迎，而下一年，那支湖人队成功卫冕，成为当时近20年里第一支卫冕的队伍。

与大部分运动一样，篮球也被设计为一项很难连年取胜的运动。冠军球队大概率手握最低顺位的选秀权，而且除了总决赛对手以外，总冠军球队在当年参加的比赛场次是最多的。此外，队内优秀球员往往为了追逐更高收入以及个人成功而离队，助理教练也可能去其他球队担任主教练。另外在精神层面，胜利也是最大的麻痹剂。如果你想取得连续的成功，那就要面对我以上提到的不利元素，这些将是对你意志品质的真正考验。年轻时充满求胜欲并不难，但上了年纪并且取得成功，还能保持那份饥饿感就非常困难了。

回看那些著名的王朝球队：乔丹的公牛队，20世纪90年代初的达拉斯牛仔队，还有20世纪90年代末的纽约扬基队。你也许憎恨这些球队，绝大多数的人也的确如此，但是你也要对他们怀有敬意。这几支队伍不仅连续拿到了几个冠军，更是在越来越困难的局面中，年复一年维持着极高的竞技水准，所以这几支球队所取得的成功才如此振奋人心。这几支队伍始终保持着对伟大的追求，哪怕对于胜利的渴望和动力在逐年递减，他们也坚持了下来。

看看斯蒂芬·库里，他在赛前热身训练中还是一个接一个、不厌其烦地投篮，他已经是名垂青史的伟大射手，几乎无须再证明什么，但通过他的举动，你可能明白为什么我会说把胜利和失败都视为骗子。这并不是让你们在赢球后不要欢喜，在输球后不要感到难受，而是像库里那样，无论上场比赛是赢了还是输了，都始终用同样的方式热身，用同样的心态面对比赛。他掌控自己能掌控的一切，其他就顺其自然。他也会为自己的出色发挥而骄傲，比如流畅的跳投、为空切队友精准的传球，无论在场上领先20分还是落后20分，这些动作的精彩程度都不会打折扣。

同时，像库里这种球员也非常明白，一场比赛的胜负远非他一个人所能决定，所以他从来不会因一场胜利而过于亢奋，也不会因一场失败而太过低沉。历史上最杰出的斯多葛派哲学家之一塞涅卡在篮球诞生前就已经想明白了这个道理。在距今两千年前，为了教会父亲如何指导儿子正确投身体育运动中，塞涅卡写下了这些话：

"让他与自己的同伴竞争，在这个过程中，我们不允许他变得过于低沉或过于兴奋。引导他友善对待对手，虽然过程有些艰难。希望他学会如何不伤害对方，还击败对方。不管他取得了怎样的成绩，做出了怎样值得夸奖的事情，我们一方面允许他享受胜利，另一方面则不要急于将其转化成为真正的欢愉。因为欢愉会让人亢奋，而亢奋会引发志得意满和过度骄傲。"

这段话的重点在于，正确对待体育运动不仅仅是为了取得胜利，更重要的是利于成长。失败的时候就垂头丧气，胜利的时候就耀武扬威，这两种态度都不能让你变得更出色，甚至可能毁掉此前的优异表现。

这就是为什么那些顶级赢家还要在多个维度上继续保持优势。2001年，我入选了全美最佳高中生阵容，科比·布莱恩特来到训练营与我们交流。当时，科比与奥尼尔带领湖人队冲击三连冠。我记得他对我们说："如果你认为胜利能解决所有问题，你就错了。"随后他又告诉我们，永远都有下一个赛季，也会诞生新赛季的总冠军，哪怕你能够成功卫冕，但也总有失败的一刻。胜利带给你的高度都是暂时的，如果你将追逐那个高度定为目标，你肯定会失望。科比的话深深地印在我的脑子中，我也在努力践行这个观点，永远别把胜利视为一个让我人生圆满的元素。当然，科比已经走了，这些话变得更有意义了。

胜利和失败都是大骗子，作为连续四年与胜负共舞的人，我认为自己在此方面很有发言权。当你真正具备了坚韧的精神，就能够发现自己的价值，发自内心最深处的欢愉不会被记分牌上的数字所影响和决定。

胜利不会赐予你内心的平静，失败也无法将其夺走。

如今的时代，我们热爱体育运动的原因之一，就是体育运动能够将现实生活以一种夸张的方式展现出来。在体育运动中，当开场哨响起，你就有明确的意识，在充满不确定的迷雾后有一个赢家，还有一个输家。塞尔吉·德·拉·帕瓦在小说中写过这样一段话，那是小说中的橄榄球队女老板在一场重要比赛前发表的激励演讲："这个世界上绝大部分的人，会将他们的精力投入没有明确胜负，也没有比分记录的事业。这就意味着，他们在必要的时候可以骗一骗自己。但这是你们所享受不到的奢侈……每个周日，一组比分就会诞生，这些数字明确告诉世人，靠技术为生的你们到底价值几何。最后，这支球队还拥有战绩，这个数字将告诉你们更多内容。"NFL伟大的教练比尔·帕切尔斯有过更为简洁的论述："战绩描述了你是怎样的一个人。"

现实生活远比体育更加复杂，你肯定有自认为是成功的时刻，但在未来某个时间点回望时你会突然发现，一切的错误就是从那时开始。或者回望一个似乎是失败的时间点，结果你意识到自己正是从那一刻走上了正确道路。当然，你也可以蒙蔽别人或是自己，将一次失败想象成胜利。

除了体育，生活中的其他领域，你不会看到明确的数字，至少不会明确记录你取得了16胜0负还是8胜8负。你还要继续生活，如果能将体育运动中的道理应用到生活的其他领域，我觉得就是：千万不要欺骗自己，不要把失败视为胜利。此外，还有一点，千万不要认为一次成功就能确保你万事大吉了，无论学业、工作、事业、恋爱还是其他，千万别有这种想法。太多一时的成功者，却在随后的人生中变成了输家。

所以，对我而言，不管最终结果如何，我始终都要求自己保持随和的态度。看纪录片《最后一舞》时，我对这样一幕印象深刻：1991年东部决赛结束后，活塞队的伊塞亚·托马斯和比尔·兰比尔没有与公牛队球员握手。而在爵士队和公牛队最后一场总决赛结束后，卡尔·马龙追到公牛队大巴车上，与乔丹握手——与那个连续两年击败自己的人握手。在我看来，马龙就是一个征服了自己，控制自己情绪和灵魂的人。与我在球场上经历的很多名场面相比，这一幕同样令我震撼。

本书提过，你需要找到一个"为什么"，借助它的力量跨越胜利和失败所带来的一切，你也要借助它的力量，帮你扛过那些想要放松和放弃的时刻。令你与众不同的不是数据单上的数字，而是这种力量。也是依靠这种力量，当人生中那些难以预料的成功和灾祸向你而来时，你才能从容应对。

克里斯·波什

金城出版社·西苑出版社
燃体育书系

最催泪的青春记忆，最燃的球星故事。
巨星自述，体育名家说球，俱乐部官方授权作品。
做书，我们做最好的那部分。

扫码关注"小燃编辑"
不定期卖萌、讲笑话、答疑、送书，欢迎关注：）
编辑信箱：1730894422@qq.com

扫码关注"金城出版社"官方抖音号
球星自述，大咖侃球。
最催泪的青春记忆，最燃的球星故事。

篮球系列
BASKETBALL

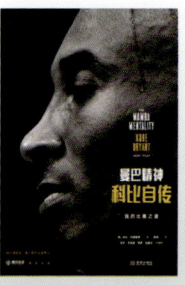

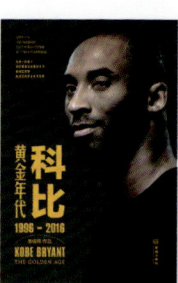

《科比：黄金年代》 作者：张佳玮

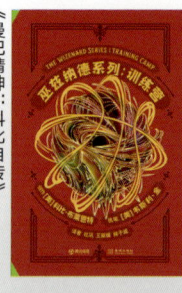

《巫兹纳德系列：训练营》 作者：[美]科比·布莱恩特 [美]韦斯利·金 译者：杜巩、王丽敏、林子诚

《曼巴精神：科比自传》 作者：[美]科比·布莱恩特 译者：黄玮

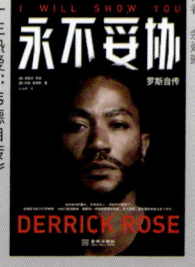

《永不妥协：罗斯自传》 作者：[美]德里克·罗斯 [美]萨姆·史密斯 译者：余焱琳

《一生热爱：韦德自传》 作者：[美]德维恩·韦德 译者：三猎

《加内特自传：铁血信条》 作者：[美]凯文·加内特 [美]大卫·瑞兹 译者：三猎

《乔丹法则》 作者：[美]萨姆·史密斯 译者：孙彦川

《侠道：韦德传》 作者：张佳玮

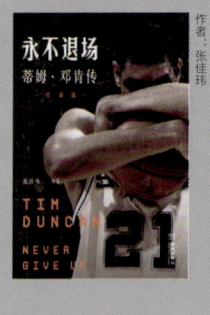

《剑道：雷·阿伦自传》 作者：[美]雷·阿伦 译者：虎扑篮球 三猎

《硬核第六人：伊戈达拉自传》 作者：[美]安德烈·伊戈达拉 译者：林子诚

《波什自传：冠军箴言》 作者：[美]克里斯·波什 译者：戴高乐

《梦之队》 作者：[美]杰克·麦卡勒姆 译者：于嘉

《THE ANSWER：阿伦·艾弗森传》 作者：张佳玮

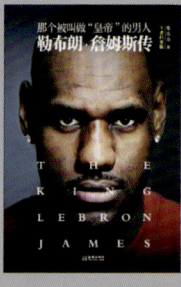

《那个被叫做"皇帝"的男人：勒布朗·詹姆斯传》 作者：张佳玮

《永不退场：蒂姆·邓肯传（告别版）》 作者：张佳玮

足球系列
FOOTBALL

《那些年，我们一起追的球星Ⅰ》 作者：《天下足球》

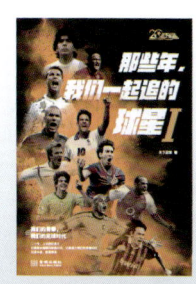

《那些年，我们一起追的球星Ⅱ》 作者：《天下足球》

《那些年，我们一起追的球星Ⅲ》 作者：《天下足球》

《C罗列传（特装版）》 作者：苗霖

《硝烟之子：莫德里奇传》 作者：[西]文森特·阿德里亚[西]何塞·赞尔培斯 译者：汪天艾

《狼王：托蒂自传》 作者：[意]弗朗切斯科·托蒂[意]保罗·孔多 译者：朱晓雨、陈坚

《我的成长，我的热爱，孙兴慜自传》 作者：[韩]孙兴慜 译者：宋青云

《我的成长，我的热爱，孙兴慜自传》 作者：[韩]孙兴慜 译者：宋青云

《C罗列传（特装版）》 作者：苗霖

《欧文自传：追风年代》 作者：[英]迈克尔·欧文[英]马克·埃格林顿 译者：搜达足球、陈丁睿

《追风年代：欧文自传》 作者：[英]迈克尔·欧文[英]马克·埃格林顿 译者：搜达足球、陈丁睿

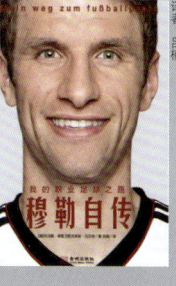

《生为红魔：卡里克自传》 作者：[英]迈克尔·卡里克 译者：夏熙明、张敏铧

《我的职业足球之路：穆勒自传》 作者：[德]托马斯·穆勒[德]尤勒安·沃尔夫 译者：吕楠

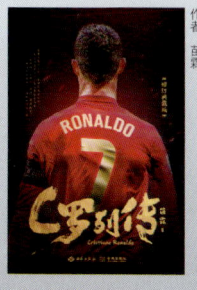

《艺术大师：伊涅斯塔自传》 作者：[西]安德烈斯·伊涅斯塔 译者：蔡昆、贾永华

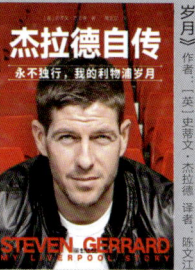

《天选之子：卡卡传》 作者：《天下足球》

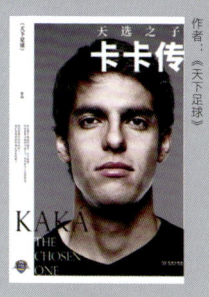

《杰拉德自传：永不独行，我的利物浦岁月》 作者：[英]史蒂文·杰拉德 译者：陈文江

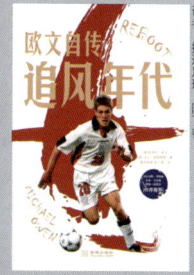

《我，就是足球：伊布自传》 作者：[瑞典]兹拉坦·伊布拉希莫维奇 译者：《天下足球》

《我的红白人生：温格自传》 作者：[法] 阿尔塞纳·温格 译者：颜强

《真相：若泽·穆里尼奥传》 作者：[英] 罗伯特·比斯利 译者：搜达足球、陈丁睿

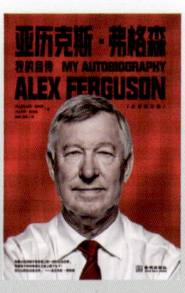

《亚历克斯·弗格森：我的自传》 作者：[英] 亚历克斯·弗格森 译者：颜强

《亚历克斯·弗格森：我的自传》（精装版） 作者：[英] 亚历克斯·弗格森 译者：颜强、田地

《亚历克斯·弗格森：我的自传》（全新修订版） 作者：[英] 亚历克斯·弗格森 译者：颜强、田地

《赢家：齐达内传》 作者：[荷] 帕特里克·福特 译者：何小毕

《我的转身：克鲁伊夫自传》 作者：[荷] 约翰·克鲁伊夫 译者：陈文江

《曼联俱乐部官方传记：红魔英超三十年》 作者：英国曼彻斯特联足球俱乐部 译者：何小毕

《曼城俱乐部官方传记》 作者：英国曼彻斯特城足球俱乐部 译者：何小毕

《红蓝荣耀：巴塞罗那传奇功勋志》 作者：《体坛周报》

《红黑荣耀：AC米兰传奇功勋志》 作者：《体坛周报》

《皇家荣耀：皇家马德里传奇功勋志》 作者：《体坛周报》

《欧冠之王：皇马十五冠图文史诗》 作者：《体坛周报》

《蓝白王朝：阿根廷三冠史诗》 作者：《体坛周报》著

《冠绝欧洲：欧冠图文全史》 典藏版

《足球圣殿：世界杯图文全史》 作者：《体坛周报》

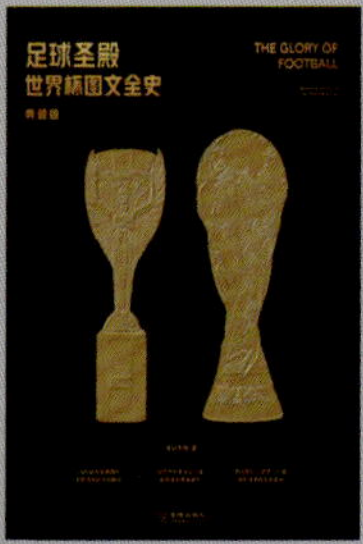

《足球圣殿：世界杯图文全史》（典藏版） 作者：《体坛周报》

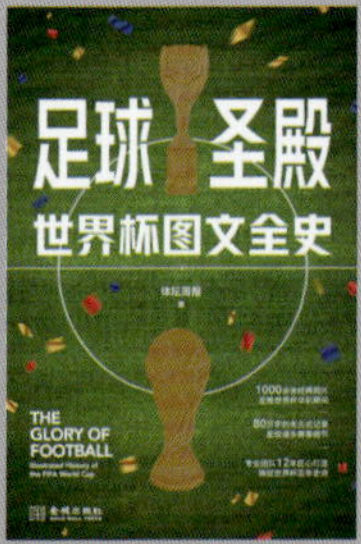

第十二封信：**全力以赴**

如何能够成为冠军？

需要付出怎样的努力？

我唯一确定并且非常喜欢的答案出自特雷沃·莫阿瓦德，他曾与NFL明星四分卫拉塞尔·威尔逊合作，指导后者进行精神层面的训练。

莫阿瓦德说："想实现这个目标，你要做到全力以赴。"

与很多时至今日依旧令人共鸣的智语一样，莫阿瓦德的想法也可以追溯到久远的过去。古罗马斯多葛派哲学家爱比克泰德也表达了相似的观点："运动员首先要决定方向，然后才是付出一切努力。"

付出一切努力，做到全力以赴。

说起来很简单，做起来非常难。不过，这是可以做到的。

必须坚信，既然有人能做到这一点，那么你也有实现的可能性。这是非常有力量的想法。小时候，我看着"魔术师"约翰逊和乔丹的比赛长大，而你可能是看着我，或者斯蒂芬·库里和凯文·杜兰特的比赛长大。再扩大点范围，你可能看过"土豆"韦伯的比赛，又或者是NFL球星沙吉姆·格里芬、足球运动员托马斯·希策尔斯佩格、WNBA球星丽莎·莱斯利的球迷。但无论你喜欢的运动员是谁，这些人在自己的运动领域中取得成绩都有迹可循，而不是由超级英雄创造出来的神迹。MLB球星杰基·罗宾逊不是外星人，而是一个人类，与你我一样的人类，同时他还是一个愿意努力并将自己的天赋展现出来的人类。任何领域的先驱人物，所做到的事情都具备这种可能性，这也就意味着，我们也有做到这些事的可能性。

你没有预知未来的能力，自然无法知晓发挥杰出表现需要付出多少代价，这可不像贴在商品上的价签那么清晰。不过，在前进的过程中，你会不断接到新的要求，此时，你必须做出回应。如果一切在开始前就分外明晰，比如"投进一万个罚球，进行一千次全距离冲刺跑，再做五百个引体向上，然后你就会成为冠军"，任何人都能做到，或者绝大部分人都能做到。困难的不是这些你要付出的努力，而是在一切都悬而未决的前提下，保持热爱，全力以赴。

"你要做到全力以赴。"

"每天坚持。"

"延续一生。"

哪怕你做到了这些，可能还不够。

我非常清楚你们有多么渴望成功，我也一样。我曾对自己说，我做好了下苦功的准备，我清楚自己的偶像付出了多少努力，我知道他们花了多少时间在球馆里训练，某些人不投进特定的球数就不走的故事我也是耳熟能详。我还听说泰格·伍兹在斯坦福大学读书时，虽然他是高尔夫队的成员，但他是唯一拥有橄榄球队力量房钥匙的其他项目运动员。

我的偶像总会聊起他们在冲击冠军中挥洒了多少汗水，昔日的教练（从高中教练到低级别联盟教练）在接受采访时，也会说他们的训练多么刻苦。总有一些传奇人物，会回忆起自己小时候花了多少时间待在体育馆中。我也希望像他们一样，我也想模仿他们为这项运动的投入。

所以，我从很早开始就明白刻苦努力非常重要，可是，当我走上这条路时却不知道什么是刻苦努力。没有孩子懂，因为他们还没有到那个节点。

我拥有不错的天赋，这是非常幸运的。同时，从某种意义上讲，我也是不幸运的，因为在我刚刚接触篮球时，这项运动显得如此简单，所以我低估了成就伟大篮球事业需要付出的工作量。或许你也经历了类似情况，有朝一日，当你终于达到了更高的水平，成了真正了不起的人物时，你才发现自己的付出远超想象。

这就是下苦功的真正含义，将身体和精神推向极致，并不断重复，你也不知道自己能否抵达预想中的目标点。在《战胜疲惫》的信中，我们已经聊过这个话题。而现在，你不仅仅需要扛住疲劳，更要在这段可能延续一生的征途中，耐住寂寞、忍受重复、持续奉献。如果成功是必然结果，你绝对无须如此辛苦。而现在，你要做到全力以赴。

我们聊了这么多关于训练的话题吧？没错，训练就是核心问题。如果不训练，就没有比赛，没有冠军，没有MVP，没有签约赞助，没有完美的背后传球，没有恰到好处的空中接力，更没有荡气回肠的逆转取胜。

如果没有刻苦的训练，那么一切都不存在。

你想实现梦想吗？想赢得奖杯、赚百万美元的薪水、成为冠军、名满天下吗？很好，每个人都渴望取得类似的成就。或者，不必定下如此宏大的目标，你想写一本书吗？你想学会弹钢琴，或者学会一门外语吗？很好，每个人都有这样的愿望。

换一种说法，大家都希望能够拥有一些成就。

可是，他们想通过努力得到这些成就吗？

他们想不惜一切代价去得到这些成就吗？

答案大概率是否定的。

科比·布莱恩特曾接受采访聊到自己孩童时投入多少努力在训练中。据他自己说，当时他晚上躺在床上时，都会在脑海中想象自己站在NBA赛场上的场景，他会想象自己手感火热、一个接一个命中投篮，直到得到120分或者更夸张的数据后才会停止。

很多孩子都有类似举动，但是，让科比变得与众不同的是他后面的做法：他会在第二天走上球场，将想象中投进的球切实地投进篮筐，而且每天他都做这样的投篮训练。他可不是简单做一组投篮，而是几乎从球场的每个位置上，在各种假想的情境中将球投进。底角三分、低位后仰、借掩护后的跳投，现实比赛中可能出现的情况，他都希望能提前做好准备，而且是身体和心理上都做好准备。"这就好像将这个场景下载到系统中，"科比说，"等你再站到场上时，你就会自然而然地将其发挥出来，毕竟你之前已经演练了成百上千次。"

每个执教我的教练都讲述类似的故事，每个了不起的运动员似乎都有这样颇具传奇色彩的训练习惯。一位曾指导我的助教与史蒂夫·纳什非常熟悉，他告诉我关于纳什和德克·诺维茨基的训练习惯，两人每晚都会重新回到场上，无论这一天他们是否打过比赛，他们都会踏入球场再投一百球。每个晚上两人都会如此，这也成了他们的固定模式。我听到之后就想："这个世界上最好的投手每晚还要加练投篮，我最好也这么做。"篮球与世界万物一样，你付出多少就收获多少。

这种情况，发生在每个我崇拜的球员身上。在摄像机拍不到的地方，在别人休息的时候，他们投入大量时间到训练里。我第一次在NBA见到一个和我一样身材瘦削的小子，他能够在外线命中投篮，还能封盖。他的表现令我痴迷，而在此之前，像他这样身材颀长的内线球员从来不受青睐。所以，我瞬间就有了一个榜样，有了一个可以参考的职业生涯模板。这个瘦削的球员就是凯文·加内特，我在卧室墙上贴满他的海报，汲取他提供的一切信息，仔细阅读每一篇关于他的文章和采访。每次他透露自己攀上篮球之巅的诀窍时，我都会十分笃定地追随。

幸运的是，在我开启职业生涯时，球队教练团队中有退役球员萨姆·米切尔，他也曾指导了凯文·加内特。萨姆对加内特的过往了如指掌，这对我来说就是巨大的财富，我经常问他诸如"加内特如何训练低位技巧""他如何提高自己的跳投能力"等问题，萨姆根据不同的问题告诉我很多细节。其实，你也不会真的像他一样，通过类似训练方式，打造低位完美的试探步，或者借队友掩护后漂亮地接球跳投。不过，在萨姆讲述的每个故事中都有一条一以贯之的主线：加内特每天都在球馆中努力训练。

我不知道你崇拜的偶像是谁，但是我可以肯定一点，你的偶像能够取得今天的成绩一定来之不易，他们一定付出了远超你想象的努力。

在观看令你钦佩的运动员比赛时，你可能好奇他们如何在重压之下还能发挥如常，那是因为他们在训练中模拟了这种压力环境，并且重复、重复再重复，直到习以为常。科比投进了那么多关键球，一部分原因就是他在训练中花了很多时间模拟投进关键球的局面。"从孩童时代开始，我做这件事已经上百万次了，"科比说，"而且我从来没有失手，我自己就是计时员，如果球没进，我会给自己回表一秒钟再来一次。"

我永远不会忘记雷·阿伦在2013年总决赛第六战最后一刻的神奇投篮，那是将全队从失败中拯救的一球。当我在混乱中抢到篮板时，我发现他已经非常自然地跑向底角的三分线外。我将球传向他，他一边稳稳接球，一边本能地退到三分线外，整个过程，他都没有浪费精力关注双脚所处的位置。在我转身准备再去冲抢篮板之前，雷·阿伦已经用非常流畅的动作完成了投篮，整个过程连一秒钟都不到。在最终赢下总决赛后，雷·阿伦对记者们说："那样的投篮，我已经投进了成百上千个。"他口中"那样的投篮"指的就是总决赛第六战的那个球。

如雷·阿伦所说，他投进了太多类似的球，有成百上千次之多，而且命中点几乎遍布球场每个角落。训练中，他有一个完整的投篮项目训练清单，那就是在场上的每个点进行投篮，他一遍又一遍进行训练，直到筋疲力尽，而这样做的目的就是确保在第四节最后阶段，在体能枯竭的情况下，他能够将球投入篮筐。你会看到他一个接一个地出手投篮，一次又一次地进行实战演练。他不仅进行原地跳投训练，还会练移动投篮、接球投篮、借掩护后投篮、一次运球后投篮、两次运球后投篮、干拔跳投、近筐投篮、中距离投篮、三分投篮、低位面筐投篮、后仰投篮……每场比赛开始前，他从距离跳球还有四个小时开始，将整套训练流程走完。他曾说："我不希望自己当天的第一次投篮出现在正式比赛中。"

在你的职业生涯中，可能很少有人告诉你关于训练的一个"隐藏事实"，那就是：你对训练的需求永远不会停歇，甚至还在不断增长。还是举雷·阿伦投进总决赛绝平球的例子，那一年是他进入职业篮坛的第17年，也是他来到迈阿密跟我们成为队友的第一年。整个赛季，他一场比赛都没首发，每场比赛差不多就打半场球。但他场均投篮出手中超过一半都是三分球，比如他在第四节还剩6秒时投中、延续冠军希望的球。我亲眼见过雷·阿伦的训练，我可以与你们打赌，他在生涯第17年进行后撤步底角三分球训练的次数和数量，绝对超过他职业生涯第7年的训练量，而他在第7年的训练量也肯定比第1年更多。随着雷·阿伦职业生涯的推进，他的场上任务越来越集中在"命中跳投"的技术环节上，这也就意味着他需要在训练中将越来越多的注意力集中于此。

现在，斯蒂芬·库里也是如此。每次训练结束后，他加练300个三分球。2017年，ESPN曾经报道，库里和队友在训练馆进行了太多的投篮训练，以至于篮网都被投坏了。考虑到库里和雷·阿伦算得上有史以来最伟大的两位射手，所以这种情况的出现也不会令人感到惊讶。如今，勇士队比赛开始前，很多家长带着孩子提前到球场，目的就是去看库里进行自己那套详尽的（也让人筋疲力尽的）赛前准备流程。库里早已无须证明什么，他全票当选常规赛MVP，还是多次入选全明星、多次夺得总冠军。

就算如此，每个夜晚，每场比赛前，库里还是进行双手运球训练，为了让自己的这项技术能够获得哪怕一丁点儿的提高。按照一般人的想法，他本可以更轻松一点，比如每项训练都少练几组，甚至干脆减少整体的训练项目，或者取消他在主场久负盛名、标志训练结束的通道超远投篮。其实稍微放松一点，那也不会有人责备他。他现在有了三个孩子，还有自己的制作公司，单是他的名字就已经成为享誉全球的品牌，需要他考虑的事情达到百万美元级别。然而，到了为比赛做好准备的时候，真正的赢家将一切干扰排除在外。

雷·阿伦和库里做这些事情，绝非像某些受虐狂一样，在不断用自己的头撞墙。他们非常刻苦，也非常聪明，他们对于自己需要进行的训练有着非常细致的思考。所有伟大的球员都是如此，他们总能准确认识到自己的缺陷所在，并且将注意力集中于此。你对自己的运球很满意吗？那就多练运球。你对自己的低位对抗满意吗？那就增加肌肉提高低位对抗能力。你总能找到还需提高的环节，所以，你今天在哪方面进行了训练？

我见过一些人，他们在训练方面有点太单调了，只在某一个技术环节上争取达到高水平。当然，这也比什么都不干要强，只不过想成就伟大，这样做可不行。而且，当你将注意力着重放在弱点时，这可能引发不适感，因为你需要承认自己存在缺陷，这并不是所有人都能接受的，但这是能让你最快看到提升效果的方式。针对弱点进行特别训练，这绝对是你通过训练提升自己的最佳方式。你不仅仅提升了技巧，也训练了直面内心的能力。通过这种方式，你可以打磨关键时刻最需要的习惯：保持激情、维持强度、坚持专心。小时候，一位教练曾提醒我们，就算在训练和平时玩闹时也不要运球出界。你必须知道场地的边界所在，形成第二本能，就好像两条边线和两条底线通了电。如果不这么做，等到了场上，到了形势危急的时候，你会遭到坏习惯反噬。训练中的每个细节都要如此，这就是很多人说"训练中什么表现，比赛中就什么表现"的原因了。

不过，像库里和雷·阿伦这种球员可能是例外，他们算是异类。我也见过很多球员所具备的天赋和潜力可能比库里和雷·阿伦更优秀，这些人在距离实现梦想咫尺之遥的地方就不再努力训练了，结果此前的一切都化为乌有。这就是为什么你得养成良好的训练习惯，这个习惯也会帮你预防混乱与迷茫。如今的你肯定养成了每天刷牙的习惯，无论天气如何，也无论当天的心情如何，你都会做这件事，因为口腔卫生对身体健康十分重要。训练也是一样，对你的整体表现至关重要。无论你心情好坏，无论你是因失败而低落，还是因胜利而内心满足，你都必须直奔球馆，完成每天的训练。不认真训练引发的恶果比你预想的更坏。无论身处哪个领域，情况都是如此。

亚沙·海菲茨是20世纪最知名的小提琴家之一，他曾说："如果我一天不练习，我自己知道；如果我两天不练习，批评家会知道；如果我三天不练习，公众就全知道了。"对此我也深有体会——那些高超的技巧，如果你不保持训练就会下降。在NBA的世界里，最令人难受的场面就是看着拼尽全力、希望打进联盟的年轻人，在实现目标后任由自己堕落。一旦发生这种情况，那些更为饥渴的球员就会马上取而代之。所以，如果你希望在任何一件事上获得成功，你就必须明白和适应这一点。

如果你希望保持心中的这团火焰不熄灭，最稳妥的方式之一，就是在每天的训练中增加固定的训练模式。这种情况在棒球和冰球运动中可能更常见，很多人都觉得NBA球员不会这么做，事实上，我们也有固定的训练模式，或者固定的套路。否则我们怎么保持能够在高水准下持续发挥优异表现的竞争力呢？雷·阿伦之所以列出一个投篮训练清单，部分原因也是在自己的生活中打造一套固定流程，一旦建立起来，他就不会跳过训练中任何一个步骤，就好像他不会在早上不刷牙一样。

如果你真的日复一日这么做，效果很快就会显现。这个效果并不是保证你能够拿到冠军，一定记住，永远没有这种必然。不过，你能发现自己变得越来越强壮，越来越聪明，越来越敏捷。这种效果显现得越多，你持续培养习惯的动力也就会变强。你会明白，自己正在打造特别的能力。从小到大，正是这个效果让我在得克萨斯州火热的天气下还留在场上打球，也让我在训练后还继续留在球馆加练。我也不知道自己最终能达到什么高度，但是我很清楚，我正在做一些引以为傲的事情。

当你真正投入了足够多的精力，并且开始有所回报时，那种感觉好极了。我第一次有真切的感受是高一暑假，那年夏天，我代表高中参加夏季巡回赛，那也是我第一次真的把篮球比赛当成严肃的事情对待。当时，我每天都在努力磨炼技术，也是在那时候，我第一次去力量房进行力量训练。记得当年安托万·贾米森正在北卡大学打得风生水起，我就在训练中复刻他的动作。我明显发现自己的身体越来越壮，技术也越来越好。那时候，我对训练上瘾了，所有类型的训练，包括力量和体能训练。最终面对全州最好的球队时，我把练习的一切都应用在比赛中。我练的所有东西都发挥了作用。

在巡回赛半决赛中，球队曾大比分落后，印象中分差最大达到20分。比赛暂停时，我一直紧紧盯着放在旁边的巡回赛MVP奖杯，它就摆在场边的记分台上。我也不知道为什么，反正我的目光就锁定在奖杯上，我真的太想得到它了，或许我觉得那是对我辛苦付出的认证。具体原因我也说不清楚，但我清楚的一点就是，当球队大比分落后时，我依旧控制不住对于MVP奖杯的痴迷情绪。后面发生了什么你们能想到吗？我不断挖掘自己的潜能，把所有力量和体能训练成果都拿了出来，最终球队逆转了战局，赢下了巡回赛，我也拿到了MVP奖杯。我把它放在房间里，眼睛依旧死死盯住。我收获了一个证明，证明我在训练中的投入有了回报。从那之后，我又开始思考：接下来我还能得到什么呢？

如果你希望在任何级别中取得成功，这种思考方式不可或缺。如果你希望获得奖励，却不想努力，你就是在蒙蔽自己。既然你都不想训练了，为什么还要读这本书自寻烦恼呢？

当有机会提升自己时，你应该激动。一直以来，我鼓励自己的方式就是最大程度开发潜力。我希望自己在每场比赛中都取得成功，而实现目标的唯一方式就是训练到筋疲力尽。这也是为什么找到你所热爱的领域如此重要了，只有热爱才能让你无视重复努力的枯燥，才能让你不去介意在成就杰出过程中耗费的海量时间。因为在这个过程中，你真的需要投入非常多的时间。

如果你希望发挥优异的表现，那不能把大部分时间浪费在剪断篮网和喷洒香槟的事情上，你需要在训练中投入最多的时间。所以，赶紧找到一种让你享受其中的方式吧，否则你将异常痛苦。我很喜欢喜剧演员杰瑞·宋飞说的话："生活中最有福气的时刻，就是你找到了一种能够忍受的折磨……可以是工作，可以是某种训练。所以，寻找你能够安然接受的折磨吧，你会在这方面有很好的表现。"

我喜欢这句话，比较符合实际。没人对你说力量训练，或是冲刺跑感觉很棒，这些事情都非常乏味，有时甚至让你觉得简直是折磨。不过，如果你真的希望在某方面取得精进，你就需要找到一种方式，将折磨变成可以接受的。通常在结束训练后，我坐在那里，脑海中想象自己未来取得成功，想象我在新赛季使用练了整个夏天的技术，想象自己命中关键罚球，想象自己举起奖杯。你在场上才能被激发的感受和遭遇的情况，可以通过训练提前面对。

这些还只是结果，我还没提及当你登上所在领域最高峰时纯粹的精神感受，无论这个"高峰"的层次和级别如何，那种心无旁骛的感觉只有体验了的人才懂。

所有人都说，应该心无旁骛地做事。不过，只有你完成了紧张且繁重的劳作，同时此过程中还保持一心一意的状态，你才有机会感受这种心理体验。你需要在训练中保持延续性，这样才能在比赛中或者某一时段心如止水般地表现和行动。此时，当你出手投篮，脑海中唯一闪过的想法就是保持出手后的跟随动作，以及维持身体平衡。你隔绝了包括质疑声、嘶吼的球迷、对失败的恐惧等。和其他体育项目获得的评价类似，人们也只关注运动员进入专注心境后的结果，他们会说："该死，他到达了全新的高度。"而他们几乎不会在意，运动员为了达到这种状态付出了多少努力。

有人也会问我，全身心投入到底感觉如何，我认为真的没法形容。身处其中，你不会思考如何描述这种感觉，而一旦有了杂念，你其实已经无法全身心投入。心无旁骛说起来简单，但如果不是日复一日地为此做好准备，你无法进入这种状态。在此过程中，虽然你无法通过蛮力达成目标，但还有可操作的空间。从某种意义上来看，这种全身心投入的状态也是对你日常付出的回报。大多数人无法在自己从事的运动项目中拿到冠军，但是，无论你参加的是哪种级别的比赛，只要做好准备，你还是能够体验那种排除一切干扰、全心投入的心境。

而且，当球队凝聚成一个整体，并集体进入这种状态时，球队会变得更加特别。作为个人，你需要通过不断重复练习来实现这个目标，而作为团队，实现的方式也是如此。每个人需要不断训练场上的沟通、防守中的轮转、进攻中的传球时机。就像我在前面写过的，只有通过一次又一次的练习，有时甚至是年复一年的训练，一个团队才能凝聚在一起。

马刺队就是经过了数年的磨砺才最终击败了我们。2012年，马刺队倒在了西部决赛。之后的一个赛季，我们在总决赛中战胜了他们。2014年，马刺队卷土重来，完成了复仇。从这个角度看，这是一个缓慢的建队过程，对他们来说也是消耗战。马刺队可是一支汇聚了众多拥有超凡天赋球员的队伍，球队的主帅还是历史最佳教练之一的格雷格·波波维奇。在大牌球星频繁联手的"超级球队"时代，马刺队的阵容始终是同一拨人，他们就年复一年、有条不紊地磨合团队，直到在总决赛上击败我们。输球永远令人难受，但我也始终对刻苦努力的态度怀有敬意，哪怕马刺队是我的对手，对于他们为了实现最高理想而付出的一切，我也要表达最诚挚的尊重。而且马刺队的阵容里拥有5个名人堂级别的球员，这更值得尊重了。

我已经写下了这么多文字，其实就是告诫你们刻苦和努力，培养心智，锻炼身体，管理情绪，学习团队配合，做到哪一条都不容易，而你将这些真正落实在行动中，夺得冠军也就不那么令人意外了。我可以讲道理，并努力鼓励你，可我无法替你实际操作。你自己故事的下一篇章，只能由自己书写。

如果你还没有看过《最后一舞》，就是关于乔丹和公牛队在第二个"三连冠"末期故事的纪录片，你应该找来看一看，看完一遍后，再看一遍，而且像看比赛录像一样，反复暂停和重放。这部纪录片里有太多微妙的细节，如果你不仔细看就会错过。讲一个我关注的内容，那一年季后赛刚刚开始时，乔丹和队友聚在一起，大家把手交叠在中心，然后乔丹对所有人说："始于刻苦训练，终于香槟盛宴。"乔丹没有大喊大叫，而是用平静的语气说出了球队的口号。

始于刻苦训练，终于香槟盛宴。

那么，需要在训练中付出多少精力呢？

付出一切必要的努力。

就是这么简单。在篮球运动中，有些人的天赋能够与迈克尔·乔丹相提并论，但几乎没有人像他一样努力和刻苦。20世纪90年代初，为了帮助球队战胜底特律活塞队，他增加了额外的肌肉。当时，很多球队通过双人包夹甚至三人包夹乔丹，以瓦解公牛队的进攻体系。乔丹在菲尔·杰克逊执教后学习全新的进攻体系——三角进攻，用以破解对手的防守策略。乔丹逐渐掌握了如何成为传球者、组织者以及顶级的防守者，随着他个人商业帝国的崛起，他还学会了如何成为销售员、管理者以及决策者。他必须花费数小时接受记者采访，回应外界的批评质疑，努力做好偶像和楷模。他所做的每件事都让自己有机会发现和克服自身的缺点，也让他有机会在全新的领域做到极致优秀。每件事都不轻松，也不是他随手就能完成的。

在一些人眼中，乔丹是有史以来最有天赋的运动员之一。这是肯定的，但是在我眼中，他是一个从来不会停下学习脚步的人，我看到的是他在每个领域中投入数百乃至上千小时的努力。

我前面讲过，效力热火队期间，主教练斯波尔斯特拉给了我一本马尔科姆·格拉德威尔的《异类》。这本书中有一段很有名的论述：任何技能都需要投入一万个小时的练习，方能达到专业级别。还有一本很棒的书，谈论的也是如何在自己的领域中取得卓越成就，这本书就是罗伯特·格林所著的《专精力》，他的结论是你需要花费起码两千小时。不过，这些都只是作者本人的经验之谈，还有很多人投入了更多精力，却依旧没有攀登上顶峰。如果真的投入定量的时间，就能百分之百换取定量的成功，所谓的伟大也就没有那么令人惊叹了。

当你踏上征途，谁都无法预知整个过程中需要付出多少。或许正是因为这样，征途才会如此艰辛，也正因为如此，当你抵达终点时的回报才如此美妙。你对自己说的可能也只有一句话：做到全力以赴。

克里斯·波什

结　语

把每场比赛当成你生涯最后一战来打。

这句话你可能听了上百万次。当你觉得这是陈词滥调时，就会直接无视。而当你觉得能够被这句话鼓舞，就会欣然接受。

不过，你从来没有真的把这句话当回事。原因就是这句话太敏感了，这是一句当你认真思考就会感受疼痛的真理。对此，我深有体会，因为我毕生追求就是征战NBA，结果眨眼之间，一切都被夺走了。如此突然，也如此残酷，我遭遇了怪异的病症。我没有犯错，但我只能待在场边，被球队放进伤病名单。那段时间，我在网络上看到了一句话，貌似出自电影《沙地传奇》，我虽然记不太清楚，但感觉这句话的语境与电影很搭。

"在童年的某个时间，你和朋友跑出去玩，共度了人生中最后一段在一起的时光，只是当时谁都没有意识到这一点。"

我在NBA的最后一场比赛是在二月某个星期三的晚上，对手是马刺队。那场比赛我们输了，打得不是很好。在联盟漫长的历史中，这是一个相当普通的赛季中，相当普通的一天。当时，我的想法是，全明星之后我得更努力，让热火队再次具备冲击总冠军的实力。詹姆斯已经离队走了，他正带领骑士队占据东部第一的位置。

当时，我依旧认为热火队实力不弱，能够实现我的目标。我希望在季后赛中打出一轮出色的系列赛，打出令人在很多年后提起还意犹未尽的比赛。

结果我未能如愿。

2015年冬天，医生就在我一侧的肺部中发现了血液凝块。当时，我觉得不过就是小小的健康问题，任何运动员都可能会遭遇。然而，我花了好长的时间恢复身体，以至于提前告别了整个赛季的比赛。

一年之后，我的腿部又发现了一个血液凝块。此时，我觉得自己可以康复，克服问题后我就能强势回归，在季后赛中表现出色。然而，这样的情况并未出现，我的问题一直没有完全解决。血液凝块可能脱落，然后随着身体的循环系统移动，在从事高强度活动的时候，这样的情况发生概率更高。如果凝块卡在了输送血液进入肺部的动脉里，会引发肺栓塞；如果卡在心脏中，就引发心脏病；如果卡在脑部，将引发中风。医生对我说：“如果你重返球场，那就是拿生命冒险。"实话和你们说，我花了一阵子才理解医生的真正含义。他们说这并不是一个"终结职业生涯"的伤病，而是打篮球可能让我丧命。当时，我的第一想法是："篮球就是我的生命。"相比彻底放弃篮球，拿生命冒险似乎才是更合理的选择。在一些时候，我真的有这种想法。

也是那段时间，我明白了一件事，面对自己从事的事业时，一个远大的目标，以及充分的热情是多么重要。这个问题强迫我重新思考为什么打球，篮球对我的意义，还有最重要的一点：我到底是怎样的人。2016年春天，我提前结束了赛季征途，但我觉得这个问题可能在夏天解

结　语

决。我希望下赛季还能回来，但结果不行。我打完了最后一场比赛，还是在我并不知情的情况下。

这是怎么回事？能够提前避免吗？从高中时代起，我一直都在全力以赴，将自己的全部身心投入篮球，努力掌控所有我能掌控的——体能、饮食、队友的关系等。但是，终结我职业生涯的只是几厘米的血液凝块，它完全超出了我的掌控。我为篮球倾其所有，为什么遭遇这种结局？

如果用一句话表达，那就是："他们可搞不清原因。"

但现实就是如此。

斯多葛派哲学家常说：我们无法控制自己遭遇的事情，我们能控制的只有事情发生后自己的回应方式。

我曾以为，自己完成的最艰难任务就是赢下NBA总冠军。可回头再看，赢下总冠军远比我直面再也不能打篮球更轻松和简单了。我感觉身体的一部分死掉了，仿佛生命中的一大块被切割掉，并且被人提前很久就偷走了。

有些人会留意我得到的成绩，他们说："嘿，伙计，你有一段不错的职业生涯，你应该为此感到骄傲，身体健康才是更重要的事情。"

这话没错，从某个角度看，他们说的很对。我对于自己取得的成绩心怀感恩，虽然离开的方式不太理想，但也比更糟糕的情况好一点。比如，离开的方式是在场上遭遇严重的腿部伤势，忍着钻心的疼痛，被抬上担架送出去；比如，在训练营中收到球队下发的被裁通知，你要赶紧收拾更衣柜，匆忙离开。所以，站在理性的角度，比起大部分球员，我算是最幸运的那一小群。

但是，篮球运动存在一些超越理性的部分，一些无法合理归因的内容。说到底体育运动是一种痴迷、一种深爱、一种深刻的表达。很多人说："篮球就是生命。"的确如此，所以当我不能打球时，无论告别方式如何，总是不可避免地悲从中来。

对我而言，篮球是我生命中就该从事的项目，所以我每天都在实现自我价值。健康问题？我有太多带伤比赛的经历，在场上也冒了很多风险，参加了很多艰难的比赛……我对这个问题的想法就是，每一次系好鞋带踏上球场，我或多或少都在拿自己的健康冒险。尽管这次的伤病情况更为严重，尽管我也明白过去的伤病顶多导致我拄上拐杖，而这次的伤病可能令我丧命。我知道其中的差别，可是，残酷的现实还是如一剂苦药，难以下咽。

篮球就是生命，而我这段生命走到了终点。所有的终点都会带来伤痛，我不知道自己难过的情绪是否与其他有同样遭遇的运动员相似。这种情绪你只能感受一次，而且只在你的体内发酵。无论是一边挥舞四肢、一边大喊大叫地离开，也无论是带着感恩的心告别，每个人最终都会迎来结局。

这可能是你最后一年代表母校参加曲棍球比赛，或者你即将迎来告别大学游泳生涯的时刻，又或者你终于意识到自己永远不会被棒球大联盟的球队征召——当这些时刻到来，我们作为运动员的状态将不可避免地永久改变了。有些人遭遇膝盖重伤，这辈子再无法完成一次跳投；有些人遭遇车祸，永远无法参加马拉松比赛；还有些人随着年龄的增长，不再打橄榄球，而是拿起了高尔夫球杆。

我也一样，离开了篮球这项能够在精神层面给予自我挑战的运动。与此同时，我的精神层面也找到了很多新的方向。我意识到体育的本质不仅是争取胜利或是赚钱，也不仅是渴望不断提升。虽然这些非常重要，但我觉得体育的本质是友谊，是在你为热爱而日复一日的训练，是凝聚一支球队，是激励自己超越极限。在此过程中，你学会了如何与他

结　语

人朝着共同目标一起努力，一起感受随之而来的胜利和失败。

这的确是一段充满挑战的征途，但我可不想过着没有挑战的生活。在没有退役的时候，我也是带着这种心态。拿过的那些冠军，每个都让我觉得美妙，因为我为之付出了太多。结束篮球生涯后，经营自己的生活也让我觉得美妙，因为这绝对是我经历的最艰难的事情之一。我曾在很长一段时间中陷入抑郁的情绪中，但从事篮球运动这么多年所学到的技能并没有消失，所以无论疼痛感多么强烈，我还记得击倒后如何再次站起来的方式。如果你不是对失败充满极度的厌恶感，你就无法在最高级别的赛场上取得成功。同时，如果你无法正确地消化和吸收失败，你也无法提升到最高级别。告别篮球运动的确令我非常难受，但是从事篮球运动的过程，其实就是为我们最终战胜离别情绪做得最好的准备。

在前面的信件中，我一遍又一遍、不厌其烦地告诉你们，如果你在自己从事的运动中收获的只是更强壮的身体，或是更好的心肺功能，你错过了太多体育运动提供的机会。你有机会学会如何与人诚恳沟通，学会如何接受批评并不断成长，学会如何优雅地接受失败，学会如何谦逊地享受胜利，学会如何让自己超越身体和精神上的极限。正是因为通过篮球学到了这么多，我的生活才变得更丰富多彩。不管是否还留在场上，我都要好好地将此珍藏。

现在，我在家里有了一支队伍——由五个孩子构成的队伍。每天我都竭尽全力为他们做出表率，我也开始思考人生下一步的方向。在我看来，篮球只占据了我人生的四分之一，现在的任务就是找到新的领域，能够让我使出全力，也能不断给我新的指引，就像篮球曾经做的那样。

我曾多次幻想，自己能够像大卫·罗宾逊那样结束职业生涯，可以在打完告别一战后带着总冠军奖杯退役。就算在因伤提前告别后，我也希望自己可以有一场佩顿·曼宁那样的超级碗告别战，在拿下了一场打

179

破质疑的艰难胜利后，隔一段时间再宣布退役的消息。哪怕不能带着总冠军冠军退役，我也希望自己能够与球队一起，拥有如韦德或诺维茨基那样的退役巡演。

然而，事实并非如此，我也无法解释原因，这就是现实，我很失望，也很愤怒和悲伤，可我能做出的回应，只有不断向前，解决下一个问题，生活就是如此。

"一段旅程的终点，也是下一段旅程的起点。"这句话是詹姆斯在《不只是一名运动员》的片子里说的，他的表述很正确。你知道大卫·罗宾逊现在在做什么吗？他建立了一所开创性学校，名字叫作卡沃尔学院，这所学校为数千名圣安东尼奥的孩子提供了帮助。比尔·布拉德利离开球场后，成了美国参议员。杰拉德·福特本有机会进入NFL打球，但是他选择进入法律领域，随后进军政界，最终成为美国总统。NFL名人堂球员史蒂夫·扬离开橄榄球赛场后，经营了一家投资公司。WNBA传奇玛雅·摩尔告别篮球场，正努力成为一名为社会正义和刑事司法改革发声的倡导者。斯蒂芬·杰克逊在打了超过十年NBA后，发现主持播客节目非常有意思。

我们都不仅仅是运动员，这是一种赞美。如果希望进入政商界，成为某个领域的领袖，或者为公平正义而奋斗，我觉得运动员的职业生涯为他们进入新领域铺平了道路。每次训练、每次爆发、每次胜利和每次失败，都在塑造自己，无论你是否意识到，这个过程都在进行中。不要听到别人说"闭上嘴，打你的球"后还无动于衷，你有权力参与对国家的贡献，我甚至觉得这是你的义务。

我花了很长的时间，做了很多的思考，也跟很多人交流，甚至写下了本书阐述自己的想法，事实上，我认为这才是最佳方式。

那场与马刺队的比赛，是一场再普通不过的比赛，似乎没什么值

结　语

得被记住的地方。在一个平常的晚上，与一个老对手，进行一场篮球比赛。没人在赛前对这场比赛有特殊的期待，虽然在上万名球迷面前比赛，大家也都觉得没什么特别。就是这样一场比赛，我倾尽了所能。那场比赛与我职业生涯里参加的几百场比赛一样，也与你们参加的比赛一样。之所以发挥全力，那是因为我一直都将每场比赛当成生涯最后一战。结果，这场比赛真的成了我的告别一战。我记得自己在场上充满求胜欲，第四节比赛，我体会了那种肌肉燃烧起来的熟悉感觉。我也将自负放在一边，将团队利益放在首位，在队友犯错时支持他们，就像他们对待我的方式一样。我站在场上，精力集中在比赛中，计时器上每一秒的流逝我都能感觉到。

你可以选择以这种态度比赛，每次系好鞋带，就把这场比赛当成生涯最后一战。在训练中哪怕筋疲力尽，身体和心智都在嘶吼，你依旧坚持下去。当有人向你展现某条捷径时，依旧选择那条艰难的道路。每场比赛都与队友站在一起，同时牢牢铭记，无论什么比赛，团队永远高于个人，更不要忘记，你在朝一个更为远大的目标努力。

如果你真的做到了这一切，依旧可能面对悲剧收尾，就像曾经的我那样。不过，此时的你，内心没有丝毫遗憾。

克里斯·波什